老化って言うな！

好好變老

自在享受55個身心靈的微變化

Hiramatsu Rui
平松類——著
胡慧文——譯

前言

享受身心的轉變，變老不一定是件壞事

「老了就會這樣！」

大多數人都把上了年紀以後發生的身心現象，歸咎是老化的緣故，就連醫生也不例外。

為什麼會這樣想呢？因為「上了年紀＝變差」的觀念早已根深柢固。然而，事實真的是這樣嗎？

本來一目十行的靈動雙眼，現在看字反而變得吃力，閱讀必須多花一點時間，還得把字拿遠一點才能看清楚。看電視本該是件再輕鬆不過的事，但最近不知為何，聽女播報員的聲音有些吃力，倒是聽男主持人的聲音比較清晰悅耳。

還有人說，上了年紀以後，品味和喜好也會變得老氣。以前總是往人多熱鬧的地方跑，現在忽然喜歡親近大自然，去感受春風或秋風拂過肌膚的撫觸，嗅著路邊的花草香，心頭格外平靜安穩；吃東西也變得不愛嘗鮮，吃來吃去還是味噌湯與梅干最合胃口。這一切變化，與幾十年前的自己都不一樣了。

只是，視茫茫也好，耳朵背也好，品味和喜好改變也好，這些種種變化並非「變差」。**因為年歲增長而發生身心現象的改變，不是「變差」，而是「變化」。**你或許認為，上了年紀之後變弱的能力和體力，讓情況似乎每下愈況，然而事實正好相反，很多能力其實會隨著年紀而提升，但大多數人幾乎都未能察覺。

日本提倡預防醫學的第一人日野原重明醫師，他直到一〇五歲離世前，仍活躍在醫療第一線。他曾在演講會上，將我介紹給與會來賓，並且熱心為我推薦拙作。這位可敬的老前輩即使年過百歲，仍然持續努力邁向成長，總是堅持今年要比去年好、明天要比昨天更精進，他樂觀進取的態度，令我大為受教。

日野原醫師是難得的特例嗎？不是。排除罹患特殊疾病而無能為力者，一般人只要確實掌握自己的身心狀態，都可以在年過百歲以後，擁有比此刻更美好的生活、更優秀的能力。

我身為眼科醫師，至今診治過的患者超過十萬人。在人的五感當中，「視覺」是人們平常最常依賴的感官，在看了那麼多名患者之後，深感多數人都不懂得「善用眼睛的能力」；很多人也不知如何「善用耳朵的能力」，真的是相當可惜。

即使上了年紀，只要稍微調整過去使用眼睛和耳朵的習慣，仍然可以發揮現有的感官機能，因為大家不了解其中的竅門，而對使不上力的自己感到自卑，甚至為此鑽牛角尖。

在診察過程中，高齡患者也會與我分享許多工作經驗、生活智慧、興趣嗜好等廣泛的知識，使我獲益良多。許多患者讓我見識到，人無論活到幾歲，只要懂得配合身體的變化並正確運用，甚至還能夠達到年輕人難以企及的行動力，過著令人稱羨的神仙生活。所以，**對於「因年齡增加而改變的自己」，我們只要稍加用心或是調整認知，一樣也能過著積極又快樂的生活**。本書就是為了提示其竅門而寫的。

當身心出現變化，我們難免擔心是不是生了什麼病，所以會去醫院就診，但十之八九都「找不出毛病」。這時醫生可能會告訴你說：「這是上了年紀的緣故。」這種說法或許會讓很多人以為「年紀大本來就會渾身不對勁」，只好消極認命。

不過，本書想要讓大家知道，這些不適並非都是「病態的變化」，有許多是「身心的正常變化」。**若能正確理解「身心自然變化的規律」，就能對自己的改變感到釋懷，一旦身心輕鬆，就容易發揮每個年紀該有的能力水準。**

那麼，我們就先從多數人最易察覺，因年歲增長，而看不清楚智慧型手機螢幕的狀況開始說起吧！

你可能會納悶：「這不就是老化嗎？」不是的，這不是老化，充其量只是眾多生理變化裡的其中一種罷了。

Contents 目次

第二章　腦筋經常突然斷片，這是健忘還是失智？

第三章　家人抱怨電視開得太大聲？但這音量聽起來剛剛好

第四章　心靈好脆弱，覺得愈來愈沒自信

第五章 到了傍晚毛病多，總是害怕夜晚降臨

第六章　想問人又說不出口！那些令人害臊的嚴重困擾

第一章

最近總覺得使不上力，我真的老了嗎?!

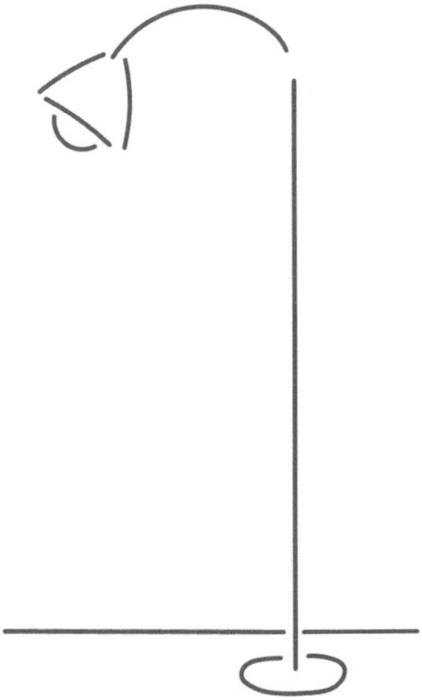

01 智慧型手機盯久了，眼睛會變得很難聚焦

用智慧型手機看新聞、上社群網站之後，猛一抬頭，四周景象居然變得模糊。眼睛無法快速對焦的次數增多了，不免叫人心情低落。尤其是疲憊的時候，以及傍晚時分，眼睛看東西就變得愈來愈吃力。雖然還不至於看不見，但必須花好幾秒才能看清楚。

眼睛要看得清晰分明，需要眼球的水晶體與周圍的睫狀肌互相配合，進行有效的調節。當睫狀肌強而有力，就可以瞬間準確對焦標的物，所以如果肌力變差，失去靈活度，只好一邊摸索一邊調整，才能逐漸看清楚。

這種症狀一出現，大家就會立刻說：「啊～這就是年紀大的關係啦！」其實這並非是年長者的專利。**睫狀肌的功能在二十多歲時登上高峰，之後調節焦距的能力便會開始走下坡。**這是經年累月的結果，只不過剛開始失焦的時間很短，所以不容易察覺得到。

總之，**眼睛多耗費一點時間對焦實屬正常，不必放在心上。**你或許會等得不耐煩，但最多也就是幾秒鐘而已，不至於造成日常生活的重大影響。

但如果你想要讓眼睛輕鬆對焦，就必須懂得善用肌肉的生理特性。肌肉保持在伸展狀態下相對輕鬆，固定在要伸不伸、要收不收的狀態最辛苦。

比方說，膝蓋打直或完全彎曲都比較輕鬆，可是讓你懸空半蹲，兩腿很快就會撐不住而抖個不停。不只是肌肉如此，對神經迴路來說，這也是個酷刑，沒練好還可能引發腰部和膝蓋疼痛。

同樣道理，強迫眼部肌肉長時間對焦在固定位置，是非常不合乎人體生理現象的。所以低頭族盯著智慧型手機看上大半天，根本就是虐待身體。但是，因為這樣就不准滑手機、看電腦，人生未免太乏味。其實只要多訓練眼部肌肉對焦，一樣可以使用3C產品。

就像一直半蹲會造成肌肉提前疲勞一樣，強迫眼睛一直定焦在固定目標，並不能訓練眼部肌肉，只會適得其反。理想的對焦訓練，應該是不斷變換眼睛的對焦目標，達到活動睫狀肌的作用，感覺就好比做腿部肌肉的屈伸運動。

對焦訓練方法很簡單，就是交互看遠和看近。習慣之後，可以在遠近之間多設定一個中程目標物，變成遠距、中距、近距、中距、遠距的焦點移動。

具體方法解說如下：

首先，請豎起右手食指。

◎眼睛對焦訓練

輪流看目標物①~③各五秒鐘，
來回重複十次。

❶將豎起的食指固定在距離眼睛三十公分處。三十公分是多遠呢？Ａ４紙的長邊大約就是三十公分。

❷接下來，找一個距離至少在兩公尺外的目標物。如果可以眺望窗外遠山之類的景致，那是再好不過。如果不容易找，那麼家中的電視、窗外的汽車也可以。

❸然後，在遠近兩個目標物之間，另找尋距離一公尺左右的中間目標物，例如家中牆上的掛曆。

依序輪流看這三個目標物。最初請先

挑戰近距（❶）和遠距（❷）兩個目標物即可。先看手指頭五秒鐘，再看遠處五秒鐘。

習慣看近、看遠以後，再循序看近距（❶）五秒，然後看中距（❸）五秒，最後看遠距（❷）五秒。重複操作十次。

這樣做能夠充分活動睫狀肌，漸漸地，眼睛對焦會愈來愈精準靈活，幾乎是見到目標物的瞬間便自動聚焦。

每天操作的次數不限。每當看書、滑手機，感覺眼睛疲勞時，就可以操作訓練，不僅眼睛受惠，連同緊繃的肩頸肌肉也可以得到舒緩。

02

只是一回頭，脖子就很容易扭到

關於這個困擾，請大家先回想一下，從小到大，可曾鍛鍊過自己的脖子？我想幾乎所有的人都會搖頭說「沒做過」。

少數有訓練頸部經驗的人，多半是因為從事摔角、柔道等格鬥技練習，或是打橄欖球。至於一般的運動、健身房鍛鍊，都和頸部鍛鍊無緣。即便是做伸展操或瑜伽，轉動頸部時，老師也會不厭其煩地頻頻叮嚀「不可勉強」、「在不感覺疼痛的範圍內慢慢做就好」。

人體頸部依賴僧帽肌、胸鎖乳突肌等肌肉支撐，如果自己隨便運動，很容易弄巧成拙，一定要在專家的指導下進行才好。

所以，當脖子或頸部感到不對勁的時候，請不要固執地認為「因為年紀大才會這樣」，更別抱持「上了年紀後脖頸的力量退化，非加強訓練不可」這種錯誤觀念，純屬無稽之談。

很多人脖子一出問題，便立刻反省自己平日太不養生，還有人因此痛下決心，發誓從現在起要努力鍛鍊。自我反省的精神值得讚許，不過認知有待商榷。

當人一有病痛，往往直覺認為是自己保養無方，非得趕緊做些什麼，當下立刻排除症狀，否則就會坐立難安。這也未免太心急了。身體出現疼痛時，首先要讓自己平靜下來；萬一疼痛加劇，應接受醫生的診察與專業治療或復健，才是切合實際的作法。

話說回來，為什麼只是一轉頭就扭到脖子呢？最可能的原因，就是**脖頸周邊**

肌肉和組織僵硬緊繃。最近有所謂「手機脖」的名詞，長時間低頭滑手機，脖頸當然吃不消。僵硬緊繃就表示血流有障礙，造成組織缺血，這時候突然拉動肌肉，自然會產生疼痛。這和早上起床會落枕是同樣道理。

所以這症狀跟老邁根本沒關係，而且該做的也不是要加緊鍛鍊脖頸，倒是該好好**溫暖肩頸肌肉**，這個預防措施絕不能偷懶。建議晚上睡覺時，脖子要保溫，即便其他時候也要圍著領巾或圍巾。

不少人誤以為冬天在房裡開暖氣不好，但其實舒適的室溫、輕暖的棉被、確實可以有效保暖脖頸，有助於改善血液循環，是預防肌肉緊繃的好方法。

03

吞嚥時感覺容易嗆到，連吃東西都開始心驚膽顫

吃飯喝水難免會嗆咳，但如果次數多了，叫人不擔心都難。

的確，因為嗆到而住院的病人並不稀奇，還有的人即使三天兩頭嗆咳，都沒放在心上。要是某天突然被異物梗住喉嚨，一口氣吸不上來，可能就會小命不保。

有位病患平日飲食時就經常會嗆到，因為不妨礙生活，也就不以為意。哪知有次為了動眼部手術，住院兩天，當天吃過晚飯後忽然急喘，幸虧醫院工作人員發現得早，立刻為他取出呼吸道梗塞的異物，治療後挽回性命。這位患者如果早

在經常嗆咳之初，就懂得預防措施，或許就不必在鬼門關前走這一遭。

吞嚥食物對我們來說似乎是再簡單不過的本能反應，其實在「咕嚕」一聲嚥下食物之際，身體正進行一連串絕妙的運作。

吞嚥的時候，通過喉嚨的不僅是食物，還有經鼻與口吸入的空氣。空氣和食物經由同樣管道進入咽頭後，分道揚鑣。空氣進入氣管，送進肺部；食物則進入食道，送達胃部。為了不讓它們走錯路，咽頭有一個叫做「會厭」的蓋子，當空氣以外的物體進入氣管時，會閉合起來，預防異物誤入。

因此，如果會厭開闔動作不順，食物或空氣就可能會跑錯地方，這時，身體必須設法排除這些不速之客。空氣誤入食道，人體會試圖透過打嗝或放屁的方式排出，所以無論想打嗝或放屁都不要強憋。當然，也必須得要顧全基本禮貌，找個不會引起他人不快的地方排放才好。

另一方面，當食物或唾液誤入氣管時，人體會藉由咳嗽設法排出，避免異物進入肺部。萬一唾液裡的細菌或食物真的跑進肺部，可能會引發吸入性肺炎，甚至造成生命危險。

由此可知，**嗆咳是守護性命的重要生理反應，一定要使勁將它咳出來。**有的住院病人進食嗆到，因為怕打擾到其他同房病友，只敢小聲咳。這時應該輕拍他們的背，鼓勵他們「努力咳出來」。

如果經常嗆咳，難免會讓人自覺「笨拙」、「老邁不堪」而深感自己沒用。不過，**會厭開闔不順，通常是吞嚥能力不佳與自律神經失調所引起。**簡單的預防方法，可在用餐時，避免烹調吃起來會覺得乾巴巴的料理，選擇口感較濕潤的調理方法，但太濕也不行。尤其要當心燒烤的肉類很容易引起嗆咳。我有位好友是健美先生，平常習慣吃燒烤紅肉，某次因為吃烤肉嗆入氣管，引起一場大騷動。

◎吞嚥動作分解示意圖

「會厭」是氣管的蓋子，食物誤闖入氣管，會造成嗆咳；如果未能咳出異物，可能會造成吸入性肺炎。

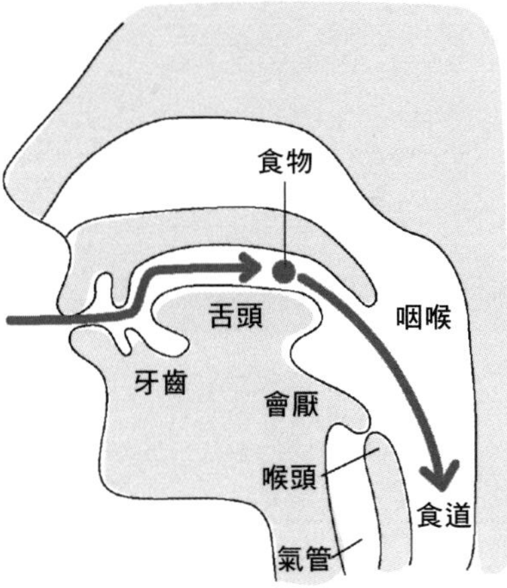

他也才三十出頭歲，所以吃東西嗆到跟年齡問題的關係不大。但是，總不能為了顧及吞嚥安全，餐餐只吃燉煮的菜色吧！那就**好好鍛練喉頭周邊肌肉，盡可能減少嗆咳次數吧！**

喉頭周圍的肌肉如果無力，便很難充分發揮咳出的能力，因此每次一嗆到，都得咳個不停。而鍛練喉頭周邊肌肉最有效的方法，就是深呼吸和唱卡拉OK。練習深呼吸，可以讓我們自覺到空氣流通的路徑，是避免嗆咳的理想練習，也具有調節自律神經的功效。至於唱卡拉ＯＫ，如果不想在人前高歌，在家歡唱也一樣有效。

這兩者都可以充分活動到喉頭周邊的肌肉。雖不能完全保證不會再嗆咳，但至少可以在下次嗆咳的時候，簡單咳個一兩聲，就讓食物順利回到食道。

04 明明好好走路，卻經常會撞到人

走在大街上，你是否經常與人碰撞？如果是邊走邊滑手機，那撞到別人還說得過去，怪就怪在自己分明是看著前方專心走路（或許是有那麼一點分心想事情），仍會身不由己地撞了上去。我自己就是這種人。

如果是走路發呆失神撞到人，這無話可說，但如果全心全意走路卻還一頭撞上去，那很有可能是**自己的步行速度和周圍的人有落差**。路上人來人往，每個人走路速度都不一樣，人多了自然會摩肩擦踵，碰撞機會就變多，因此不完全都是自己的錯，大可以寬心。

此外，走路容易與人碰撞還有另一個原因是**部分視野缺損**，這是青光眼的症狀之一。因為視野有某部分是看不見的，所以走著走著就會撞到人，這問題還不嚴重，但假使沒看見的是行進間的車輛或交通號誌，那就會出大事了。為了預防患有眼疾的駕駛人未看見交通號誌或路上行人，而釀成交通事故，最好每隔幾年就必須做青光眼篩檢。

即使並未罹患青光眼，眼睛的功能也會隨著年紀而逐漸變弱，包括視野會變得狹窄。一旦視野變窄，走路就只能看見近處的物體，而無法注意到從遠處走近的人，所以會誤以為眼前的人是憑空突然出現。也就是說，即便是正常走路的人也會發生如同邊走邊滑手機不小心撞到人的事。因此**走路時要刻意提醒自己把目光放遠，盡量讓視野變開闊，就可以降低碰撞人或東西的次數**。

距離感誤差也可能是個問題。年輕時，容易把握自己與他物的距離感。隨著年歲漸增，距離感則會出現誤差。像是時不時會發生腳趾踢到櫃子的邊角、肩膀碰撞到走廊牆壁等，這就是人在把握自己的位置、肢體動作範圍與物體之間距離的直覺判斷力降低了。**尤其人一緊張，就特別容易突顯視野和距離感的問題。**

這狀況有點像是你想搭乘某路線的火車，不知月台往哪走，在車站裡遍尋路線標示或指示牌，偏偏找不到你要的那條路線，但其實斗大的字就寫在你面前。人一旦緊張起來，加上非找到不可的壓力，反而窄化了視野（有效視野），就會漏看重點。

由此可知，情緒緊張也妨礙肌肉的協調性。在肌肉緊繃狀態下不小心踉蹌，一時反應不及，很容易會直接碰撞頭部，導致重傷。好比說同樣是走平衡木，在一般高度下可以來去自如，但是移到高空中，一想到失足便可能粉身碎骨，就會變得寸步難行了。

所以，初到陌生場所或進入人群雜沓的地方，與其緊張兮兮地提醒自己「千萬別撞到人」，不如放膽告訴自己「碰撞幾下也不要緊」。愈是保持平常心，身體就愈能自由發揮能力。

05

日漸發福後，體重就再也回不去了

病態性肥胖當然不好，但如果健康無恙，只是體態日漸豐腴，就女性而言，多半是進入更年期的關係。

女性閉經以後，雌激素的分泌量減少，導致脂肪代謝能力降低，容易堆積變成內臟脂肪。之前身上是軟綿綿的脂肪，現在卻是硬梆梆的肥肉，宛如男人的啤酒肚，這都是受到荷爾蒙影響的緣故。

有許多女性的三餐分量和以往相同，運動量也不大，年輕時身材還過得去，現在卻開始囤積內臟脂肪，其變化現象顯而易見。男性則是面臨生活型態轉變，過去在公司跑業務，成天在外面奔波，現在退休以後，成了大門不出的大老爺。如果仍舊照吃不誤，那勢必會發福。

肥胖過頭當然不健康，但如果只是多長一點肉，實在沒必要斤斤計較。何況有研究數據顯示，**體重稍微有點分量的人會比較長壽**。

有些患者聽到醫生說「體重稍微多一點沒關係」，而認為不可思議，還以為自己聽錯了。這不是信口開河，實在是因為臨床上看見太多稍微發福就寢食難安的病人。這些人為了體重計上的數字耿耿於懷成了心病，實在很冤枉。為何要如此看不開，對自己苦苦相逼呢？稍微福態對健康確實有益無害。

單從免疫力來說，**過瘦會降低免疫力**。有點年紀的人，身材圓潤可以讓肌膚看起來有光澤，而且臉色通常也比較紅潤，何況脂肪還是能量的寶庫。另外，減肥也是造成骨密度下降的原因。

如果是二、三十歲的年輕人，用極端手段減肥或許還能成功，但是上了年紀以後，使出同樣減肥手段，即便一時減下來，很快又會復胖，而且明顯會傷到元氣。

面對自己日漸豐腴的體態，奉勸大家先接受這個變化。其實只要保持心情輕鬆，運動與節食都量力而為，人就自然會瘦下來，這樣案例其實還蠻多的。**不再一心減肥卻瘦下來，這種無心插柳的隨緣態度正是減肥成功的關鍵。**拋開強烈得失心，但求盡己所能就好。

我不是叫大家不要減肥，而是叮嚀各位別逼迫自己「非減肥不可」。得失心過重，對自己苦苦相逼，很容易採取極端的手段，像是早餐只吃香蕉蘋果、花大錢買腹部按摩機等。

根據統計，用這些方法即便減肥成功，將來鐵定會復胖。不要把控制體重當成人生的唯一，減肥量力而為就好，常保身心平衡才是長久之計。

06

嫌逛街麻煩，連出門採買也提不起勁

有些年長者會抱怨，最近上街買東西都變得很沒興趣，對任何事完全提不起勁，擔心自己會不會是罹患憂鬱症，去看醫生卻得到「沒事、不用擔心」的回覆。其實，這個現象的確是個無須在意的變化。

簡單來說，就是我們的**體力已經不堪上街採購的負荷**，以及**逛街這件事不像過去那樣吸引你了**。乍看之下，你或許以為這是負面的變化，不過這反倒是正式邁入熟年的美好證明。

逛街實際上是一種漫無目的的晃蕩，我們在逛街時總是一面閒逛，一面對自己說「這個東西好漂亮」、「真想把它買下來」、「哪天要把它帶回家」，不少人把逛街當作是「養眼時間」。不過，現在的你已經不需要這些五光十色來養眼了。因為你已經理解什麼是「好東西」、「適合自己的東西」，也知道去哪裡可以找到自己想要的，甚至明白即便四處尋覓，最終仍不會找到自己想要的東西。長年以來的經驗讓你看透逛街只是浪費時間而已。

同理可證，買菜也一樣，只要買自己真正需要的食材就好，有的人索性直接上網購買，食材還可以宅配到府，省得自己親自跑一趟。因為已經知道自己要買什麼，就不必上超市瞎逛浪費時間，還能防止亂逛後，一時衝動買了不必要的東西。

有些人覺得逛街麻煩，絕對不是因為失去了好奇心。其實他們對於旅行或自己的興趣嗜好，反而捨得花大錢享受。**與其把金錢花在逛街時總愛亂買東西上，**

他們更懂得用在對自己有意義的事情上。

年輕時，覺得住星級飯店、旅館很浪費，但是現在年紀大了，寧可多花點錢，住在有獨立衛浴的套房，感受安適自在的幸福。像這樣，懂得把有品質的體驗看得比恣意購物更重要的熟年人，就能享受生命的醍醐味。

07

分明沒那個意思，老掉牙的冷笑話卻不小心脫口而出

中年大叔老愛說些老掉牙的諧音冷笑話，像是：「トイレに行っといれ」（發音 Toire ni ittoire，去上廁所吧！）、「內容がないよう」（發音 Naiyō ga nai yō，沒有內容呢！）「猫が寝ころんだ」（發音 Neko ga nekoronda，貓咪跌倒了！）、「そんなバナナ」（發音 sonna banana，這等香蕉）之類的；有時就連大嬸也一樣會衝口說出無聊的笑話，似乎還欲罷不能。

像這樣，當腦海中忽然浮現老掉牙的冷笑話，不說出口就難過的情形，和大腦中傳導信息的神經突觸作用有關。

大腦有專門儲存語言的儲存區，我們要從中提取某個字彙時，接收到訊號的天線「神經突觸」便會啟動，因此相關語詞也會一併被帶出來。

當我們精神飽滿，就會有足夠的判斷力篩選出適切的語句；若是很疲累，便沒有多餘的心力精準判斷，只能籠統抓取同音的字詞，而說些言不及義、狀況外的話。所以人們晚上說冷笑話的次數往往比白天多。

假使我們以前曾用某則冷笑話贏得滿堂彩，就容易對這個詞念念不忘。當然，若能把冷笑話憋著不說，也不至於招人白眼。問題是，**一旦到了某個年紀，心裡話常會忍不住脫口而出，變得口無遮攔**。這是因為接到訊號後，神經突觸一經活化，不發出訊號就無法進入下一階段。

好比說，正當大家講到喜歡吃哪一家的拉麵時，如果天外飛來一句：「明天有空嗎？」一瞬間我們的大腦會被打亂思緒，張目結舌一時答不上來。這時，我們必須把前面的話題結束，先回答：「我最喜歡吃某某車站前的拉麵」，然後才能答覆下一題：「我明天有約了。」這樣一來，讓大腦循序處理，才不會覺得有什麼事沒做完，整個人也會感覺比較輕鬆。

也就是說，必須將浮現腦中的冷笑話先說出口，才合乎正常的生理運作。年輕時，阻止信號的能力強，可以忍住不說，但是上了年紀就變得困難了。幸好，只要將信號傳送出去，內心就會感到輕鬆。

同樣地，三杯黃湯下肚以後，理性思考的能力降低，嘴巴煞不住車，開始變得胡言亂語。尤其晚上喝了酒，最容易說一些冷笑話。

無論是說的人還是聽的人，我希望大家都能抱著「寬容的態度」，一笑而過就好。反正就只是無傷大雅的冷笑話，對方想講就讓他講吧，畢竟與其白眼嫌棄這是「萬年老梗」，讓自己內心不愉快，陪笑可要健康多了。

大家都知道開心愛笑有益健康，陪笑一定也有它的功效。看在對自己有好處的份上，就別板著臉認真計較，捧個人場陪笑臉又何妨！

第二章

腦筋經常突然斷片，這是健忘還是失智？

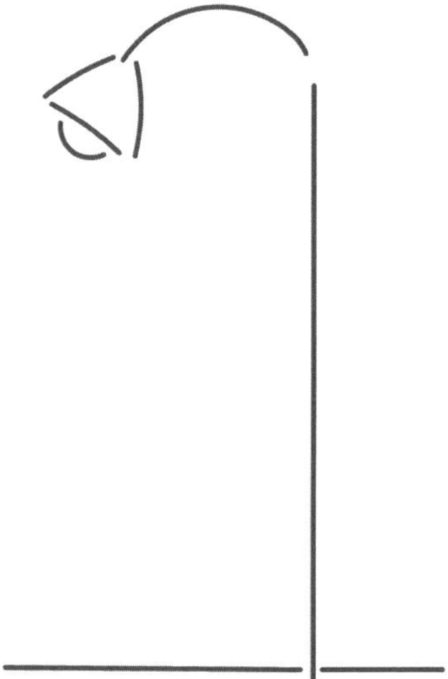

08

那部電影叫什麼來著？演員的名字怎樣也想不起來

上了年紀以後，很多事情會一時突然想不起來，滿口「這個」、「那個」，記憶力衰退叫人好氣餒。其實這不是記憶力衰退，而是**大腦記的東西太多，資料庫太龐雜，無法快速調資料出來**的緣故。

我們的大腦會把一定期間的事，暫存在容易提取的地方，一陣子之後，聰明的大腦會自動根據內容的重要程度，加以分門別類整理，然後將不重要的資訊存放到記憶資料庫的深處。這個機制就像我們把不常用的文件塞進抽屜最底層，臨時要用時，就得翻箱倒櫃努力尋找一樣。

日常生活用不上的專有名詞，或是累積十年份的記憶量，其容量非常龐大，想從裡面挖出自己想要的東西，就得費相當大的功夫，所以一時想不起來的情況是很正常的。

不過，如果你非要記住某件事不可，不妨試著連同周邊相關的事物一起聯想，這樣就比較容易回想。比方說，提到某影星時就想他曾演過A與B兩部電影，和他共演的是演員C，故事的背景是在某某縣等。反正我們也不是影評人，這種事忘掉其實也無所謂，需要的時候再上網搜尋就好。

不過，有些事與自己切身相關，若記不住可就麻煩大了。比方說，先生總是忘記另一半的生日或兩人的紀念日，惹得對方不開心，這是讓大多數男性相當頭疼的問題。究竟為什麼男人會這麼健忘呢？

這與大腦的生理機能特性有關。大腦邊緣系統的「杏仁核」（Amygdala）主掌帶有情感的記憶，根據研究顯示，女性對這類的記憶更優於男性。因此我們必須很遺憾地說，**男性天生對於讓人臉紅心跳、念念不忘的特別紀念日，記性就比較不靈光**。但願全天下的女性可以體諒男人的駑鈍，大女子不記小男人過，這也是我身為男性的卑微請求。

一旦讓老婆不開心，男人的日子就難過，什麼事都好說，唯獨重要的日子一定不能忘，所以各位男性要懂得善用記事本或行事曆，確實提醒自己記住。不妨將生日或紀念日輸入到手機的行事曆，有過輸入記錄，往後每年都會自動提醒，這功能十分方便。

常聽人家說，罹患失智症的人總是牢記過去，卻記不住現在，從大腦的記憶機制來看，過去的經驗確實更容易留下記憶。

曾經有過的歡樂旅行、見過的美麗風景等令人印象深刻的事物，即使你已經忘記明確時間，卻還是**能夠描繪當時的情況，這是因為你不斷地回想起這些記憶，加深印象**。這也是為什麼回憶往往比事實更美好，也是後來回想起記憶時經過美化的結果。

時常喚起記憶，對於預防失智症的發生是有幫助的。「回想法」是常見心理治療的手段之一，方法是讓治療對象看著相片，回想過去的點點滴滴，協助維持認知機能。

我建議各位從現在起，認真製作自己的專屬相簿。最近大家都習慣把相片直接保存在智慧型手機或電腦內，不再洗相片，但其實最好是把相片洗出來，貼在相簿裡，並加上簡單的說明，像是照片的地點、去的目的、做了什麼、路上發生了哪些事、一起去的人有哪些反應等等。

透過不時地翻閱相簿，憶起過往回憶，可以刺激大腦的認知機能活化，就能預防失智。不但如此，相簿也能帶領我們回顧過去，「啊，原來自己的人生中也曾經歷過這些風風雨雨，幸虧我都堅持下來，才會有今天」，進而**讓我們發現自我肯定的價值**。

假使萬一真的不幸罹患了失智症，相簿也可成為家人重新認識患者的絕佳素材。因為有很多事唯有自己才清楚，就連最親密的另一半都未必知曉你兒時住過的地方或房子，但只要留下照片，家人看到之後，就會成為很好的話題。

有些失智症患者，明明人在家裡，卻嚷著「我要回家」，搞清楚意思之後，拿出相簿讓他指認，才知道原來他要回去的是從前住過的老家。就算他對現在的家失去記憶，但對從前老家的記憶仍銘誌不忘。

前陣子十分流行的「斷捨離」，讓大家開始著手丟棄一些不必要的東西。不

◎協助失智的回想法

★把相片洗出來做成相簿。

★標註拍照地點或簡單說明。

★有本人入鏡的照片會更好。

過，在丟東西的時候，**照片千萬不要扔，可以做成相簿收藏**，未來還可以翻閱回顧，喚起珍貴的記憶。

此外，很多人都只顧著幫別人或寵物拍照，自己不願入鏡，但還是要好好幫自己留影，不僅是為自己，也是為後代留下一些美好的記憶。

想想孩子們翻看家族相片時，都會看誰呢？老實說大家對相片裡的自己不太感興趣，因為我們更好奇其他人的過去。「媽媽當時穿的是這套衣服」、「老爸對這頂帽子情有獨鍾」，家人邊看照片邊聊過去的趣事，實在是開心極了。

當失智症讓人幾乎忘記了一切，或是生命到達終點時，這些相簿將會是家人最珍貴的寶貝。

09

鑰匙居然放在冰箱裡！東西隨手就失蹤了

你曾經有過在冰箱裡找到遍尋不得的鑰匙的經驗嗎？想必是回家後，將買回來的冰淇淋放進冷凍庫的時候，順手就把鑰匙也一起放進去。

我雖然對公事一絲不苟，但是對家裡的事就常常犯糊塗，曾經因為找不到家中鑰匙而鬧得全家雞飛狗跳。**人之所以犯錯，通常是一心二用的緣故。**

想必大家都有個擺放鑰匙的特定地方，一回到家，就會把鑰匙擺到固定位置，這是好習慣，請繼續保持下去。然而，不只是鑰匙，錢包、存摺、印鑑等重要的物品也應該要比照辦理。

從銀行回到家以後，第一個就先把印鑑、存摺從包包或口袋裡拿出來，放回原來擺放的抽屜裡。要是沒有收好，之後就會有大麻煩，這都必須建立標準化管理模式才好。

為了講求做家事的效率，不少人一回到家，會先把換下來的衣服丟進洗衣機，等機器運轉以後，才將鑰匙歸位，但是這樣很容易就會把鑰匙搞丟。

不過，大可不必為了防賊，把重要物品藏到太隱密的地方，因為藏在難找的隱密處，最後可能連自己都找不到。

如果想減輕大腦處理記憶的負擔，**建議利用顏色區分存放位置**。比方說，放鑰匙的位置用紅色布巾，放錢包的位置用藍色布巾，存摺放在黃色小袋子等等。**利用顏色就能協助瞬間識別，隨手就可以拿取，也可以方便歸位和整理。**

即使搬家或是家中重新裝修，只要存放重要物品的位置與識別顏色維持不變，養成習慣以後，哪怕大腦認知機能退化，也不容易遺失重要物品。

日常生活中盡可能避免一心二用，就是預防失誤的要領。對現代人來說，這早就習以為常。但其實每次只專注做好一件事，不僅能避免錯誤的發生，也更有效率。摺衣服時唱個歌無妨，但是當你要把摺好的衣服收進衣櫃時，嘴巴哼著歌就可能會放錯位置。

雖然說**大腦的處理能力可以透過一定的程度訓練，維持在某個水準上**，不過訓練還是應該以安全為優先，萬一沒練好也不怕受傷害。

每次談及預防失智症，幾乎都會提到「雙重任務」（Dual task）的復健訓練，也就是讓腦部同時處理兩種作業。例如，一面步行，一面心算（從一百開始不斷減去七）；或是一面踏步，一面聽從指令，把手舉高或放下。

如果想把這項訓練運用在日常生活中，其實不必這麼折騰。比方說，你可以一面散步，一面和朋友聊天；一面唱卡拉ＯＫ，一面跳舞之類，在輕鬆愉快的氣氛中，既能達到休閒目的，也可以達到鍛鍊腦力的效果。

10 我來這裡要幹嘛？——轉身就忘記自己的目的

有事上樓，爬到二樓卻忘記自己要幹嘛，「怪了，我明明有事，但究竟是什麼事？」轉身就忘事的現象，並非年長者才有，可是發生頻率多了，難免讓人失去自信，甚至懷疑自己該不會失智了？

的確，認知機能運作不佳，會讓人突然忘記事情，不知為何而來。就如同前面談到的「把鑰匙放在冰箱裡！東西隨手就失蹤」，**這是因為你在過程中一直在想著別的事，也就是一心二用的緣故**。

假設上樓是為了拿手帕，途中就喃喃念著「手帕、手帕、手帕……」，保證你絕對不會忘。但假如你邊走邊想別的事，意識轉移到其他事情上，等你到了目的地，就會把目的忘得一乾二淨，之後懊惱地走回一樓，看見放手帕的小包包，或是原本打算和手帕放一起的面紙，這才想起「不就是要去二樓拿手帕嘛」。倘若你能夠睹物聯想，喚起記憶，那就不會是失智症，請儘管放心。

不過，為了一件簡單的事，來回跑好幾趟總不是辦法，如果要一心二用，那至少在往二樓的路上，想著和手帕相關的事，例如：「今天用哪一條手帕好呢？」由於**腦部容納的記憶量，會隨著年歲增長而累加**，多到猶如裝滿水的水桶會溢出水來一樣。就算你想再多塞一點，容量也幾乎飽滿，無法再吸收了。

根據一項對已辭世的六百多位修女的腦部解剖研究發現，這些從七十五至一百零六歲不等的修女，腦部多數已經出現失智症的樣貌，不過從她們生前的言行中卻看不出有失智表現。修女們向大家證明了，即便大腦的認知機能出現了衰退徵狀，但透過勤讀經典、虔誠事奉和規律的生活作息，專注在一件事情上，避免一心多用，對日常生活也不至於造成多大影響。

所以，與其為罹患失智症擔心害怕，不如避免濫用腦力，做好為「認知機能即使衰退，依舊可以幸福過日」的準備。**別過度執著在自己的健忘上，那些生活中可有可無的事，忘了也罷。**

11 指甲表面出現溝紋、容易碎裂

和身體其他部位比起來，我們瞄到自己指甲的機會十分頻繁，所以很容易會發現指甲上出現溝紋或是有些許裂痕。多數人會認為這是上了年紀的緣故，但並非完全如此。通常來說，這跟**營養失調和藥物問題的關連比較大**。

那些二、三十歲愛減肥的年輕人，他們的指甲也常傷痕累累。排除為了治療疾病而使用強效藥物的特殊情況，一般多和因不當減肥而造成皮膚乾燥的原因是一樣的。

雖然發現指甲表面出現溝紋、容易碎裂，但這似乎並不影響生活。然而，如果你拿東西容易手滑、抓取東西變得困難，那或許正是因為指甲的緣故。指甲乍看似乎是可有可無的裝飾品，若是指甲狀態差，或是沒有指甲，手指抓取東西就會成問題。雖然不至於完全使不上力，但是拿筆寫字會很容易疲勞，拿筷子也會經常滑落。

如果出現這些症狀，不妨考慮塗護甲油或是貼水晶指甲來保護指甲。其實塗護甲油或是貼水晶指甲不只是為了時尚流行，也有輔助生活功能的意義。

手指甲在抓取物品時能派上用場，腳趾甲則在支撐身體時有重要功能。所以指（趾）甲脆弱，拿東西會有困難，站立或行走也都容易出現障礙。有的人手指使力時會感覺疼痛，很難拿東西，甚至有些年長者因此被迫放棄自己原來的興趣嗜好。

不過，有些人指甲雖然健康，卻經常手滑，拿在手上的東西一下子就滑掉，這又是為什麼呢？答案請見下一節分曉。

12 拿東西容易手滑，是因為指紋變淺了

「我的指甲健康，手指卻拿不住東西，經常拿著拿著就滑掉了！」多數人擔心這是上了年紀以後，肌肉退化的結果。然而，「不讓手上的東西滑落」，其實是觸覺的工作。

拿取物品的確需要肌力，所以肌肉無力，就無法好好抓緊。但是，「手上的東西滑落」並非肌力問題，往往是「拿著東西的感覺變弱了」。拿不住槓鈴這類沉重的物品並不奇怪，可就連**拿起來不費力的單張講義、報紙之類，也會無意識地滑落，十之八九就是觸覺變弱的緣故。**

當皮膚接觸物體時，觸覺末梢神經會向大腦傳遞神經電位訊號，這時滋潤皮膚的油水成分就扮演很重要的輔助功能，可以快速傳遞「拿住」的感覺，讓知覺變得敏銳。然而，如果皮膚乾燥粗糙，接觸物體的知覺就不容易傳輸到大腦，觸覺因而變得遲鈍。由此可知，手指一旦乾燥，會導致指紋變薄，拿取物品的功能也會變差。

你平時有保養雙手的習慣嗎？你或許會塗抹護手霜，可是日常生活中有些「護手」的細節，仍有待加強，例如：洗碗和洗衣時戴家事手套，天冷乾燥時戴手套保暖等。保養雖然費事，但想照顧好手部皮膚，就得從這些小地方做起，成效最好。

此外，當皮膚的感覺變弱以後，對疼痛的感知也會跟著變得遲鈍。「自己都不知道是什麼時候撞到瘀青」、「被蚊子叮咬也不痛不癢」，這全是因為痛或癢的感知變遲鈍的緣故。

或許很多人認為對疼痛不敏感是件好事，不過假使肢體末梢的知覺遲鈍，就要特別當心使用熱水袋或暖暖包時，腳趾會低溫燙傷，或指尖有小傷口的情況發生。若是沒察覺到，而導致傷口感染化膿，可是會有生命危險的。糖尿病人尤其要更加留意。

若想保養皮膚，飲用可可是個不錯的選擇。**可可不僅富含皮膚再生所需的「鋅」，也有能促進認知功能的「可可鹼」**。目前已有相關研究數據佐證，可可能夠提升專注力與記憶力，因此被視為預防失智症的健康飲品而大受矚目。

13 家中分明還有庫存，卻又重複購買

曾經有部以失智症為題材的電視劇，其中一段情節是失智症患者的家中堆滿相同的商品，因為他總是忘記自己已經買過，因此一買再買。或許是受到電視劇的影響，有人當下買了重複的東西並不自知，事後發現這行為，就開始懷疑自己有輕度失智問題。

同樣東西一再重複購買，壓根忘記自己早就買過，這當然是有問題。但如果只是因為想起家裡的美乃滋好像用完了，於是順手買回家，才發現家裡其實缺的是烤肉醬；或是即便重覆買了美乃滋，但之後對上星期就已經買過了這件事仍有

印象的話，那麼你的記性是正常的。

會因為記憶錯誤而重複購買，最主要原因是「憑記憶買東西」。在商店裡努力回想家中冰箱或食物櫃裡的內容物，是很容易會記錯的。這是由於家中冰箱或食物櫃老是開開關關，眼睛雖然都有在看，但難保你在店裡回想的，會是最新最正確的印象。所以**單憑印象與記憶購物，當然容易重複購買**。

解決方法其實很簡單，就是列出購物清單，把該買的東西寫下來，貼在冰箱上，或是輸入進智慧型手機的備忘錄裡。現在的手機有語音輸入功能，只要對著手機說「在備忘錄寫下買醬油」，手機就會幫你記下來。若事前不寫購物清單，心血來潮說買就買，十之八九都會添購多餘的東西。

我曾經從病人那裡親耳聽來，原來失去視力的人不會亂買東西！這是因為他們不像我們，上超市看到點心零食貨架上的巧克力，心癢難耐就買了，再看到冰淇淋大特賣，忍不住抱一桶回家，老是看到什麼都想買。視障者購物時目標明確，只帶走自己需要的，所以省時又省錢。再說，現在各式商店的商品與貨架陳設，布滿「就是要你掏錢亂買」的巧思，我們豈可不留神。

還有一項往往被輕忽的重點，那就是：**不列購物清單，是在無端浪費大腦的處理能力。**

大腦的處理能力儘管因人而異，但是不可否認的，任何人的處理能力都是有限度的。你或許常聽人說「大腦愈用愈靈光」，這根本是無稽之談。訓練大腦是好事，然而，**拿無聊的事來折磨大腦，可能讓大腦無暇照顧真正重要的事。**

有個常被人津津樂道的現象是，天才型的偉大開創者，每天只穿同一款衣服。已故的蘋果電腦創辦人史蒂夫·賈伯斯、臉書CEO馬克·祖克柏、美國前總統歐巴馬，還有愛因斯坦，他們都是同一款衣服買好幾套，天天替換穿。

這些天才每天得面對太多事情，樣樣都需要當機立斷，所以他們的決策力必須用在至關重要的大局上，哪能為了「今天該穿哪件衣服」、「等會兒要吃些什麼」、「該梳什麼髮型」這類無關緊要的瑣事分神。他們尚且如此節約用腦，我們平凡人如果不能更有效地使用自己的腦力，又如何把事情做好呢？

就算要我們每天都穿同一款衣服太強人所難，那麼換著穿同款不同色的T恤，或事先把一星期要穿的衣服先搭配好，就不必天天為此發愁。至於晚餐的菜單，在打開冰箱確認庫存的時候先想好，上超市時就不會漫無目的地亂逛亂買。這些雖然都只是簡單的小習慣，卻可以幫助大腦把精力發揮在更有意義的事情上。

當你為「記不住」、「記憶力衰退」這些事煩惱之前，不妨先想想自己是否為日常的瑣事，耗費了太多腦力。如果是的話，腦力還是省著點用吧！

14 好像不會算簡單的心算，不知不覺就用手指頭來數

有的人遇到簡單的加減算術也得扳指頭數，沒辦法像以前一樣直接用心算算出，不禁擔心是否是自己腦力退化的緣故。其實，是否真是腦力退化還很難說，不過比較大的可能是因為很少用心算而變得生疏。別說是因為上了年紀無法心算，即便重回到三十歲左右，我們的算術能力大概就已經不靈光了。簡言之，**「缺乏訓練」的問題更大於「大腦機能的衰退」**。

學生時代，因為有算術和數學課，每天接觸數字，簡單的心算對我們來說並非難事，但現在只要碰到加減乘除，掏出手機或電子計算機來馬上就有答案，誰

還用自己的腦袋算呢！所以拿出指頭來數是很正常的。

其他像是地理和歷史也是如此，如果其記憶還與學生時代完全一樣，那才叫人吃驚。不久前，有位年過四十歲的東京大學畢業校友，想要再次挑戰東大入學考，結果卻名落孫山。這個事實說明，已經離開課堂學習的成年人，即使用一年的光陰重新復習，也很難恢復到學生時代的程度。可見連天資聰穎的人都辦不到了，我們一般人更不可能做到。

所以我們離開學校後，會丟失心算功力，也只是剛好而已。除了心算以外，還有很多可以得出正確答案的方法，心算能力不佳對日常生活一點妨礙也沒有，用不著為此過於擔心。

此外，也有人擔心自己很多字都寫不出來了，這應該是因為平時不太常寫字的緣故。因為手機或電腦的鍵盤按一按就有，大家就懶得用手寫，久而久之當然就會忘記字要怎麼寫了。

凡事只要持續就能熟練，不能持續必定生疏，時日一久便會淡忘，這個道理相信大家應該都會認同才對。

15

閱讀使用說明書時，不讀出聲音就無法理解

家中初次開封的電器用品，少不了得先摸索操作方式，做一些設定，「我看看，這條電線要穿過這邊的插孔」；服用處方藥時，必須先把用量弄清楚，「這個藥早上吃一顆，晚上改吃那種，一次吞兩顆」，諸如此類。有些人總得把說明書上的文字讀出聲才行，你是否也是這樣呢？

在看說明書時不知不覺就讀出聲音來，這不是人的問題，而是因為說明書內容太呆板無趣了。

不信的話，你在看書、看漫畫的時候，會讀出聲音嗎？除非是故意想這麼

做，否則在腦海中光是描繪書裡的場面、融入角色的悲喜情緒都來不及，怎麼還有多餘心力分神讀出聲音呢！有感情的文字能引人入勝，不必讀出聲音，就令人沉醉其中，不像說明書的文字毫無感情，很難進入腦袋裡。

尤其人在上了年紀以後，不帶感情的事物愈來愈無法進入大腦，像說明書這類完全只是把單字串在一起的句子，光是默讀根本不了解內容在說什麼。如果能讀出聲，多少可以加上自己的感情，進而幫助大腦理解。

此外，在閱讀這類枯燥的文字時，不單單只是讀出聲，還要帶著感情，**用生活化的口語、抑揚頓挫的聲調、生動的擬聲語，盡可能讓內容變得容易理解，也能方便記憶**。不知不覺間，這也是種豐富的創意，所以請務必繼續讀出聲音來。

如果家人嫌你「老愛一個人自言自語」的時候，你只要回說：「我這是為了不要出錯。」他們就無法反駁了。

我經常和年長者接觸，深深感到用藥說明的文字實在寫得很制式化，如果內容能夠敘述得簡單一些，年長者讀起來就會輕鬆許多。所以我在診間為他們說明時，總是盡量用淺白的字句和口語化的表現，來幫助患者的記憶。

比方說，我不會說「眼藥水的用法是早上一滴、晚上兩滴」，而是講「眼藥水請在早上、晚上使用。早上咻地壓一滴，晚上咻咻壓兩滴」，穿插擬聲語的表現，可以加強印象。甚至有的患者還會把我的話重複一遍，「早上咻地壓一滴，晚上咻咻壓兩滴，對不對？」這樣就表示他們記住了。

因此，如果你需要為家中年長者閱讀說明書的時候，建議不要只是照本宣科平淡地念完每一個字，請加上生動的表現，抑揚頓挫的語調等，都可以幫助他們理解與記憶。

16 分不清劇中誰是誰，每張男星的面孔長得都一樣

各位在看電視或電影時，會不會發生分不清劇中角色的情況呢？「咦，這不是剛才那個人嗎？怎麼名字跟剛剛不一樣？」年輕時絕不會認錯人，怎麼現在連電視劇裡的臉孔都分不清誰是誰了，實在叫人感傷。

判斷力降低固然是無法區別面孔的原因之一，但是如今無法像過去那樣專注地看電影或電視劇，也是必須考慮的可能因素。

你或許沒有充裕的時間好整以暇地觀賞，也可能是斷斷續續分成好幾天才把電影看完，所以就出現「山田先生和田中先生，到底誰是誰呀？」「這張臉，好

像之前有看過？」的疑惑。

再說，多年來情節感人的電影也看了不少，如果不是非常令人耳目一新的故事，實在很難吸睛。講白了，就只是有一搭沒一搭的看看而已，分不清誰是誰，也不是真的那麼重要，大不了不看就是了。反正好電影和電視劇也看多了，何必為了無聊的劇情和自己過不去。

然而，不能區別面孔還有另一個可能的原因，就是**大腦資料庫裡累積了龐大的「特徵量」數據**。這個意思是，假設讓三歲小孩看真的蘋果，並告訴他說「這是蘋果」，以後只要給他看蘋果的圖畫或相片，即使顏色稍有差異，他也能認出這是「蘋果」。

這是因為人類的大腦懂得掌握每種物體的特徵，例如：「蘋果長得圓圓的、紅色的、酸酸甜甜的、有香味、上面連著果柄」，等下次看到蘋果，就會與資料庫連結，把之前認識的、具有類似特徵的物體都拿出來比對，判斷這是A還是B。

大腦儲存物體特徵的資訊量，稱為「特徵量」，是記憶運作的重要條件。我們都以為「比對」是電腦的強項，但事實上正好相反，要AI人工智慧從圖片或相片分辨「蘋果」，是件萬分困難的任務。非得讓它讀過上萬張的蘋果圖片或相片，它才能夠勝任。

AI人工智慧與人腦最大的差異，在於人腦可以自行憑藉儲存的「特徵量」，約略判斷「應該就是這個」。不要求絕對精確，而保有彈性，這正是人類才有的獨特能力。

經年累月地不斷累積資訊，到了一定年紀，大腦便已經儲存了龐大的特徵量，尤其是人臉特徵的數據。所以看電影、電視的時候，每當有角色出場，大腦就開始比對特徵：這是以前見過的某演員，那是某部電影裡的某某人，也就是說，我們不是拿劇中人物A或B的特徵做比對，而是與過去儲存的大量人臉特徵相比對，難怪會分不清同一部戲裡的A或B。

再說，如果A長相兇神惡煞，B是個花美男，反差明顯就很好區別，偏偏演員通常都是俊男美女，特徵雷同，當然容易混淆。

第三章

家人抱怨電視開得太大聲？但這音量聽起來剛剛好

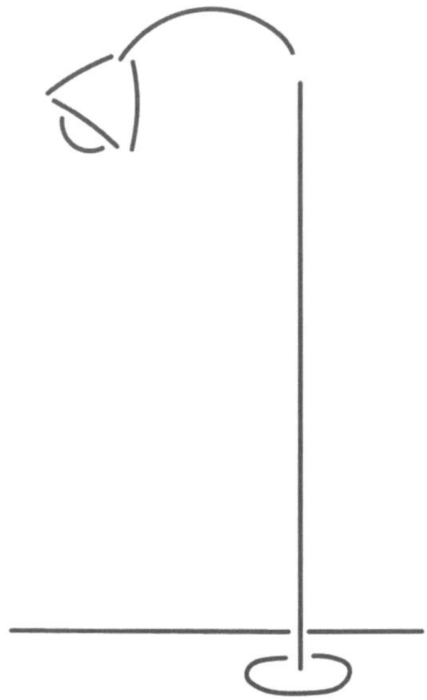

17 近看東西不太清楚，但仍不想戴老花眼鏡

當我們發覺看近時愈來愈吃力，不禁感嘆歲月真是不饒人哪！有的人早上眼睛還堪用，到了傍晚就變得視茫茫，視力幾乎是在一天內快速老去，這現象實在不可思議。

誠如之前在「智慧型手機盯久了，眼睛無法聚焦」的內容中有提及，眼睛對焦時，必須靈活調節「水晶體」這副透鏡的厚薄度，而負責調控的即是眼球的睫狀肌。看近時，睫狀肌收縮，水晶體變厚，視線可以對焦在近處的物體；看遠時，睫狀肌放鬆，水晶體變薄，眼睛就能夠看到遠方。所以說，**睫狀肌如果調節**

自如，眼睛就能準確對焦。

早晨剛起床時，睫狀肌經過一夜的休息，處在輕鬆靈活的狀態，因此很容易就能對焦；傍晚之後，睫狀肌一整天下來已經使用疲勞，反應變慢，自然不容易對準焦距，所以產生早晚視力不同的現象。

當然，影響睫狀肌活動的因素不只有時間早晚的不同而已，年齡也會影響眼部肌肉的調控能力。通常，睫狀肌自我們二十一歲起，功能就開始逐漸衰退。

最近由於智慧型手機問世，愈來愈多年輕人也出現眼睛對焦不易的困擾，雙十年華就得老花眼的年輕人並不稀奇。這是因為長時間盯著手機螢幕，強迫眼球肌肉持續收縮緊繃所造成。

如同身體長時間維持固定姿勢不變，會感到肩頸僵硬一樣，眼球長時間聚焦在固定位置，眼球肌肉也會緊繃痙攣，導致聚焦機能下降，使得二、三十歲就必須戴老花眼鏡的人比比皆是。

當我告訴這些年輕人必須配戴老花眼鏡時，他們便抗議說「自己還不到老花眼的年紀」。話是沒錯，要怪就怪「老花」這個名稱取得不好，容易讓人誤解。年齡不過是造成眼睛對焦能力退化的眾多因素之一，但是取了一個「老」字，難免讓人以為這是上了年紀才有的徵狀。

無論如何，放著老花眼不處理，在工作、看書與滑手機時都會變成問題，造成日常生活不便。然而，很多人對於戴老花眼鏡心存抗拒，是不難理解他們的心情。不過，正因為我是眼科醫師，所以敢如此斷言——愈是抗拒戴老花眼鏡的人，愈要趕緊配戴漸進多焦點眼鏡。因為如果不趁早配戴，之後必會演變成不時把眼鏡拿上拿下的窘況。

把眼鏡暫時推到頭頂上，或看近時急忙戴上眼鏡，這些動作都讓人看起來顯

◎水晶體變換厚度，而能看近和看遠

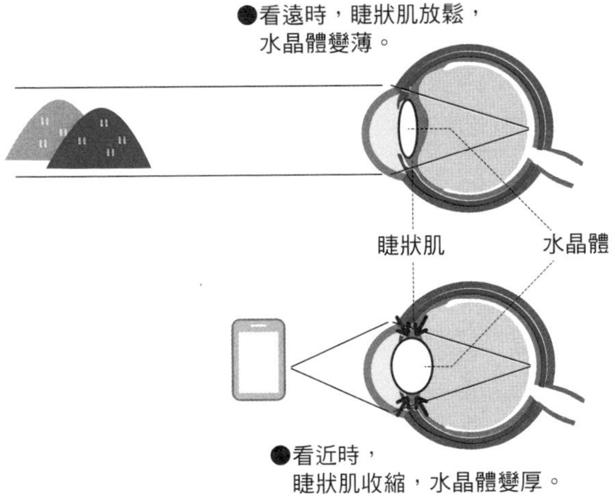
●看遠時，睫狀肌放鬆，
水晶體變薄。
睫狀肌
水晶體
●看近時，
睫狀肌收縮，水晶體變厚。

老。為了不要洩漏自己的老態，趁眼睛剛開始無法對焦近處的時候，就立刻配一副漸進多焦點眼鏡，才能讓自己看起來年輕俐落。

老花眼鏡是看近的時候使用，平常視力良好的人，或許只在看近的時候，才需要戴老花眼鏡。至於原本又有近視的人，再加上老花，當然得配戴漸進多焦點眼鏡。

不過，大家比較容易疏忽的是，本來沒近視的人，上了年紀以後，除了老花，視力也往往大不如前，因此仍需要重新驗光，必要時可能也得配戴漸進多焦點眼鏡。

以前的漸進多焦點眼鏡，是將兩片透鏡重疊製成，這種鏡片一戴上去，大家都會知道你有老花。現在的多焦鏡片性能已經改良，看不到遠近兩種透鏡的分界線，無論看遠看近都很清晰。

話說到這裡，問題來了！有的人堅持捍衛自己「不戴的權利」，而對我說：「我就是不想戴，等到真的不得不戴的時候再說吧！」但是等到那時才配戴第一副漸進多焦點眼鏡，度數已經偏高，眼鏡一戴上去，頓時天旋地轉，更難適應多焦鏡片，反而讓他們更加抗拒漸進多焦點眼鏡，於是只好準備一副看近的，一副看遠的，兩副眼鏡輪流戴。當他們要讀書報時，必須更換老花眼鏡，更是凸顯自己的老態。

相反地，儘早戴上漸進多焦點眼鏡，度數尚淺，很容易就能適應，即使後來度數增加，也能很快習慣，戴得舒適自然，而且只要一副眼鏡就能搞定看遠看近，周圍的人根本不會察覺你有老花眼。

或許你並不在意周圍的眼光，單純就是不喜歡戴眼鏡的感覺，那可以選擇多焦隱形眼鏡。不過同樣必須趁早配戴，否則也會面臨適應不良的困難。

18

嫌看書麻煩，無法從頭到尾讀完一本書

感覺看書愈來愈吃力，主要有兩大原因：「專注力不足」和「跳字跳行困擾」。

專注力不足的主因在於「大腦疲勞」。大腦負責「接收」和「輸出」信息，因此當「接收」和「輸出」兩者平衡時，大腦比較不容易感到疲勞。

各位還記得學生時代死背英語單字、歷史年表的痛苦嗎？同樣地，像是讀書、上網查資料、瀏覽社群網站等這類**輸入信息過多，都會讓大腦累趴**。

所以，不要連續長時間坐在書桌前用功，每隔一陣子就要起來走動、伸展肢體，暫時離開「輸入信息」的動作後，再重新回到書桌前，比較容易專注。堅持「一口氣讀到底」，會超出自己所能承受的限度，反而容易造成注意力渙散，終究事倍功半。給自己充裕的時間，抱著從容心態，才能夠細細品味閱讀之樂。

至於跳字跳行問題的解決辦法，那更簡單。**用書籤壓住閱讀文字的左行（讀橫排書時，則壓住下行），可以讓逐字逐行閱讀變得輕鬆容易。**年輕人用這個方法讀書，速度也會突飛猛進。

此外，看書的中場休息段落也有講究，**選在精采處打住是個好方法。**倘若總在讀完一個章節的段落才休息，記憶同樣會在此做個完結，等下次重新翻開書本，還得努力搜尋記憶，回想上次看了哪些內容，往往令人感到意興闌珊，何況新的章節也未必能引起你的興趣。

若是選在精采處打住，用書籤做記號的同時，禁不住會想像接下來可能的發展，而產生急於「一窺究竟」的好奇心，容易給人留下深刻印象。

就像電視劇演到最精彩的情節會插播廣告，漫畫的故事情節發展到最高潮時，要讀者「請待下回連載內容」一樣，為自己製造持續閱讀的動力，這方法在心理學上稱為「柴格尼記憶效應」（Zeigarnik effect）*。

多數銀髮族以「吃美食」、「看電視」、「讀書報」為樂。不同於看電視是單向的被動接收，閱讀是我們可以主動選擇喜好的重要工具。喜歡閱讀的人，無論活到多大歲數都希望繼續悠遊書海而不厭倦，不妨現在就把這方法學起來，提前做好準備。

* 德國學者柴格尼（B. Zeigarnik）在一九二七年發現，人們對於尚未完成的事，比已經完成的事更加印象深刻。

19 眼睛乾巴巴，眼淚卻不自覺溢出

眼睛很乾，卻會不自覺流眼淚，這看似矛盾的現象多半是乾眼症的問題。大家或許有這樣的疑問：「乾眼症不是會眼睛乾澀嗎？怎麼還會流眼淚？」這恐怕誤會大了。現代所謂的乾眼症，並非是「淚液不足」，大多數的情況是「淚液的品質不良」。

幾乎所有的人都能夠自行製造眼睛所需的淚液，然而淚液製造出來後，還沒滋潤到眼球，就立刻乾掉了，所以讓眼睛經常處於乾澀的狀態，問題就出在淚液成分中的油水比例不平衡。

◎淚液的結構組成

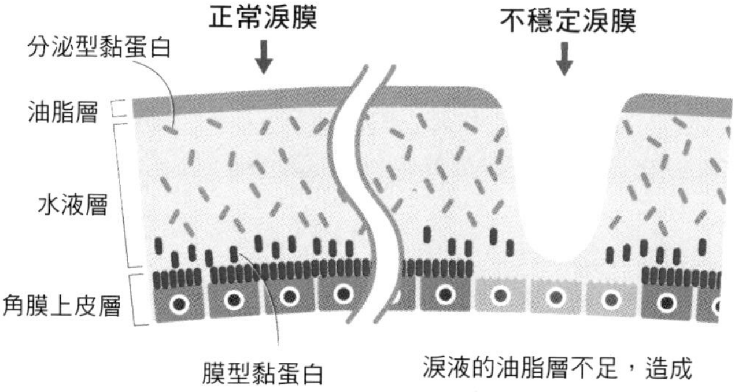

淚液的油脂層不足，造成保水性差，下層的水液層過度蒸發，形成乾眼症。

淚液的成分請見上方，最外層是油脂層，內層是水液層，兩者比例平衡就是「品質良好的淚液」。如果最外層的油脂不足，導致淚液缺乏保濕功能，內層的水分很快蒸發，即便不停製造淚液，卻很容易散失，而無法均勻且完整包覆眼球表面。

那麼，為什麼油脂層的成分會不足呢？這是因為眼瞼分泌的油脂凝固了。

油脂的性質是遇冷凝固。當眼睛的周圍溫度低，就會讓眼瞼分泌的油脂凝固，無法順利轉化為淚液成分，而造成淚液的油水不平衡。所以，假使你不知不覺就會流眼淚，這很有可能就是乾眼症。

不想哭卻自己流淚，這就表示**淚液缺乏油脂成分，失去正常保濕功能，導致淚液蒸發，不足以布滿眼球表面**。淚液具有保護眼球的作用，一旦蒸發過度，就不能發揮保護作用，若外界稍有刺激就容易傷害眼球。

其實人體是構造精密的產物，所以若是罹患乾眼症，當眼睛接收到「淚液不足了，快快分泌更多淚液來保護眼睛」的信號，會加足馬力製造更多淚液，這是身體自然的防禦反應之一。然而，加足馬力製造的更多淚液，仍因為油脂不足，快速蒸發，形成弔詭的無限循環，反而導致「眼睛乾巴巴，淚水卻不斷流出」的狀態。

大多數人都以為淚液品質惡化是老化常見的現象，不過與其怪罪年齡，不如說「生活習慣」的問題更大。導致乾眼症最典型的原因，就是**電腦、智慧型手機、空調、隱形眼鏡，以及氣密性高的住家環境**。

以前沒有這些東西，近年來卻幾乎與我們的日常生活形影不離，使得罹患乾眼症的人口開始攀升。現在就連二十多歲的年輕上班族，有七五％的人都患有乾眼症。所以，這並不是上了年紀的問題。

不過，乾眼症也有輕重之分，倘若並未造成生活不便，既不痛也不癢，沒有特別感到困擾，不加以理會也不至於有多大問題。可是如果已經引發肩頸僵硬、頭痛等症狀，就要去看醫生了。

即便看了醫師，拿了處方藥物固然能讓狀況變好，不過解鈴仍需繫鈴人，原因既然出在生活習慣，就必須積極改掉壞習慣了！

❶室內空調環境應避免冷氣過冷，或暖氣過暖。

❷使用3C用品時，經常提醒自己要多眨眼睛。

❸常保眼睛濕潤度，盡量縮短配戴隱形眼鏡的時間。

以上這三點是最基本原則。

想要預防淚液過度蒸發，必須讓眼睛製造品質良好的淚液，方法是**常溫敷眼睛**。用熱毛巾溫敷眼瞼與眼睛四周，可以軟化眼瞼分泌的油脂，改善淚液品質。具體作法是將毛巾濕潤後，擰到半乾，放進微波爐加熱至四〇度左右。取出後，放在閉目的眼皮上溫敷。一條熱毛巾大約可以溫敷兩分鐘，所以備好兩條熱毛巾，替換使用，總共可以溫敷五分鐘左右，就能活化眼周的血液循環。

早上、下午、夜晚睡前各敷一次，一天三次為佳。看似簡單的溫敷，要將它做好做滿卻難如登天。我的病患當中就很少人能辦到。

那麼，再介紹一個無論身在何處都可以隨時保養的方法。**摩擦雙手掌至溫熱以後，輕貼在眼睛上**。這方法在捷運或辦公室也可以自由運用。堅持做下去，不僅能預防乾眼症，**連預防眼周鬆弛和細紋也有效**，抗老、美容一次到位。

我們常常以「水汪汪的眼眸」來形容美麗的靈魂之窗，水汪汪的眼睛取決於品質良好的淚液。嬰兒的眼睛閃爍著純真無邪的明亮光彩，這也是淚液充分包覆眼球表面，光線照在眼球平滑的表面上，反射出晶亮的效果。想要一對「閃閃生輝」的魅力眼眸，沒有足夠油脂還真的不行！

20 眼前老是有雜質飄浮，真的很困擾

看東西的時候，眼前飄著好似黑色的小蟲、線頭或雲霧；動動眼睛，這些懸浮物還會跟著眼球移動的方向跑，好像蚊子從眼前飛過一樣，所以稱為「飛蚊症」。

有人會問：「我見到的不是黑色，而是透明橢圓形卵狀一樣的東西，怎麼是飛蚊呢？」其實，飛蚊症患者見到的懸浮物型態各有不同，「飛蚊」只是一個統稱。

飛蚊症狀在白牆背景下、燈光明亮處，以及抬頭看天空時，尤其特別明顯。

◎飛蚊症的懸浮物型態

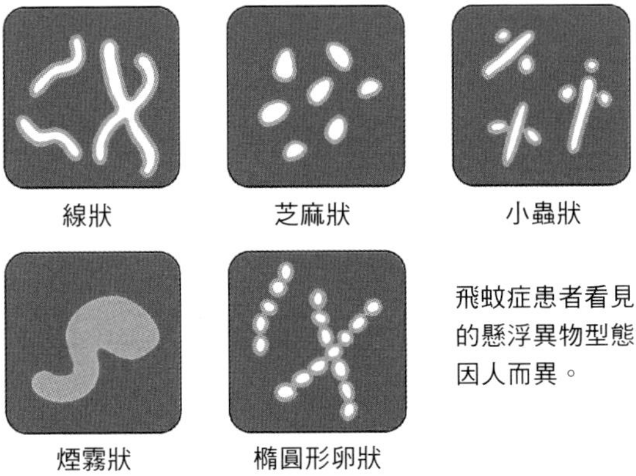

飛蚊症患者看見的懸浮異物型態因人而異。

人在上了年紀以後多少會有飛蚊症，不過年輕人見到飛蚊也不稀奇，其中還不乏十多歲的青少年。近視的人，罹患飛蚊症的傾向也偏高。

那麼，眼睛為何會看到這些不該看到的飄浮物呢？

我們的眼球裡面填充著稱為「玻璃體」的透明果凍狀物質。「玻璃體」的成分主要是水和少量的膠質纖維。當這些纖維與水分產生分離，在水中懸浮，就會進入視野成為飛蚊症。

飛蚊症患者每百人中有個位數的比例會發生眼底出血或破洞的危險，因此有必要去眼科做檢查，以防萬一。如果檢查結果沒有太大問題，**基本上就可以不用太在意**。因為**飛蚊症的症狀是你愈在意，它就愈惱人**。

我經常告訴飛蚊症病人，把這個病症當成是隔著鐵絲網或繩網觀看棒球賽，又或是透過紗窗看窗外風景。如果你一直對鐵絲網、繩網或紗窗耿耿於懷，大腦就會緊盯著眼前的障礙物，而棒球賽或風景就完全入不了你的眼。若是你刻意忽略飛蚊，就像平常在鐵絲網或繩網外，聚精會神觀看棒球賽一樣，絲毫不減比賽的精彩；透過紗窗看外面風景，並不妨礙觀看的景致。

只要眼科醫師檢查後，確認安全無虞，就別再想飛蚊症了。當然如果你覺得真的受不了，手術治療也是一個方法，只不過一般飛蚊症的嚴重性，其實並沒有大到要去挨一刀。

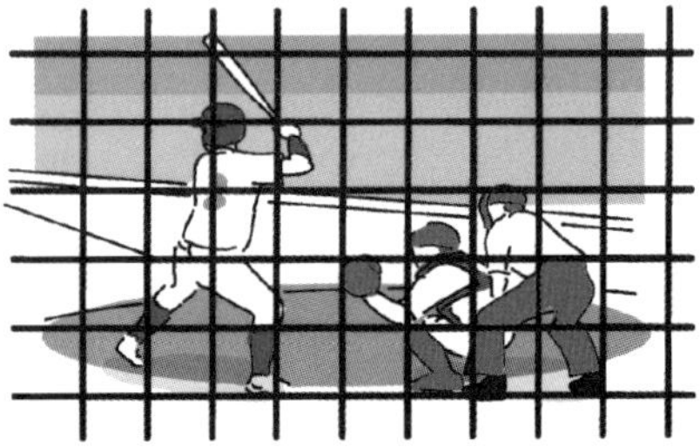

不知不覺間，就感覺
不到鐵絲網的存在。

人生要開開心心勇往直前，因此具備「不以為意的能力」很重要，也有人稱它為「適應力」。

總之，當身體稍有變化或無法任你隨心所欲時，請不要太吹毛求疵。捉大放小、泰然處之的平常心，反而有助於化解問題。

21

電腦螢幕必須開到最亮，家裡的照明都改成日光燈才看得清楚

總覺得環境裡的光線不如以前明亮，這是為什麼呢？

眼睛對明亮度的感知，來自外界透入眼球的光線，透入愈深，感覺愈明亮。而且，眼睛會配合外界光線的強度，調整瞳孔大小。暴露在強光下，瞳孔會閉合；置身黑暗中，瞳孔會擴大，因此在光線刺眼的環境下，只要不是過亮，眼睛都能逐漸適應。同樣地，在光線昏暗的地方待久了，眼睛也能逐漸看清楚。

瞳孔是位於咖啡色虹膜裡的黑色小圓圈。基本上，它們會隨著人的年紀增長而變小。**因為瞳孔變小，在光線昏暗的場所想要擴大時，就比較困難**，這便是為

什麼置身在同樣的亮度下，會感覺光線比以前昏暗。

不過，要說這是老化帶來的壞處，那也不盡然，因為瞳孔變小也有好處。我舉照相機的作用原理來解釋，就比較容易明白。

智慧型手機無論拍遠拍近都好看，不過拍出來的效果總給人比較平面的感覺。換成單眼相機拍照，主體會特別鮮明突出，周圍就顯得朦朧，可以表現出有層次的立體感。兩者的差別就在於前後對焦的「焦點距離」。

單眼相機設定的焦點距離範圍小，善於掌握一定範圍以內的對焦。至於智慧型手機這類自動相機，設計時就把焦點距離設定在遠近通吃的大範圍。

對照之下，人眼瞳孔放大的狀態，就好比單眼相機；瞳孔閉合的狀態，就像自動相機。也就是說，瞳孔變小以後，難以掌握一定距離以內的對焦，相對而言，則形成看不出有前後層次的朦朧感。

各位還記得以前常用的電話卡嗎？電話卡每使用一次，卡片就會留下一個小圓孔，透過這個小孔看出去，連遠方都一清二楚。這與瞳孔閉合的狀態非常相似。年長者看東西，就好比從小圓孔看東西一樣。雖然需要較多的光線，但卻可以看到「重點」，只是看其他背景不會那麼清楚，或許這便是另一種幸運。

附帶一提，歐美人普遍比亞洲人喜歡戴太陽眼鏡，這不是他們偏好戴太陽眼鏡的時尚打扮，而是因為他們瞳孔的顏色比較淺，淡琥珀色、綠色、藍色的眼珠子在白光下容易眩光。

當然，無論什麼顏色的眼珠，光線直射眼睛都是不好的。不過既然活到這個年紀，光線變得不易透入眼球，加強環境照明是很重要的。

有時常聽年長者說「愈來愈不敢在夜間開車」，這也是瞳孔變小的緣故。不易透光的眼球在夜晚更感到環境昏暗。尤其是車頭燈難以發揮作用的日暮時分，看東西備覺吃力。高齡駕駛問題大，早已引起社會重視。因此，**開車請趁天還亮的時候**；如果自知看東西有困難，還是別開車上路，以策安全。另外，老是感到「光線不足」的人，最好上眼科做白內障檢查。

我的病人當中，常有人抗議說「自己還不到白內障的年紀」，彷彿這是七老八十的人才有的問題。事實上，年過五十歲以後，有一半的人就出現白內障。白內障是眼球裡的透明水晶體（鏡頭）變混濁了，這是任何人遲早都會出現的症狀。**如果想延緩症狀發生，外出時就要戴太陽眼鏡，避免紫外線照射。**

如有初期症狀，可以先點眼藥水，持續觀察變化。萬一已經造成生活不便或影響情緒，建議接受手術治療。許多經過手術治療的患者，術後都讚嘆「世界變得一片光明」，日常活動力因而大為提升。

22 夜間被路上車燈照得睜不開眼，對亮光變得很敏感

有人抱怨「電腦螢幕、室內燈光不調亮就看不清楚」，卻也有人抱怨眼睛畏光、容易眩光。

上了年紀以後，眼睛對光線的反應會變得遲鈍。有一說法是，年過七十歲之後，需要年輕時兩倍強的光線才能夠看清楚。既然如此，為什麼老人家反而畏光、容易眩光呢？**這通常是乾眼症合併白內障的緣故。**

眼睛眩光和乾眼症有什麼關係呢？眼球表面有淚液形成的淚膜保護，本來應該光亮平滑的淚膜會因為乾眼症變得凹凸不平。進入眼睛的光線，在水分不足的

凹陷處與水分充足的平滑處之間產生散射，就產生眩光。

眩光時，用力閉上眼睛再張開，若能夠有效降低光線的刺眼感，即可判斷眩光是由乾眼症引起的。這時請不厭其煩地按時使用眼藥水和溫敷眼睛，保護乾燥的眼球表面。但如果閉上眼睛後再張開，仍無法減輕眩光感，就要懷疑眩光可能跟白內障有關。

罹患白內障之後，看東西會變得模糊。基本上會感覺外界光線不足，總是處於昏暗狀態。**因此夜晚的車燈、白天強烈的太陽光，透過混濁的水晶體，會在眼裡造成光線的散亂反射，**而產生令人感到「一片白花花」的眩光。

人到八十歲以後，幾乎都有白內障，如果不是太在意，與白內障和平共處也無妨。至於在意的人，可以求助手術治療，改善視覺障礙，給自己清新光明的視野。不想動手術的話，也可以考慮服用藥物延緩白內障惡化。建議每隔幾年進行一次追蹤檢查，了解自己的視力變化。

此外，紫外線是白內障發生的原因之一，生活在熱帶地區的人，大概三、四十歲就會罹患白內障。即使是位處溫帶地區的日本，相對而言，北部罹患白內障的人口比例明顯少於溫暖的南部。

而戴眼鏡比不戴眼鏡更可以預防白內障；**外出時，配戴抗紫外線鏡片更能保護好眼睛**。

還有，揉眼睛也是促發白內障形成的因素，這一點容易被大家忽略。眼睛是小型器官，**用手揉眼睛，對眼睛來說猶如施加暴力刺激**。在長期刺激之下，會造成水晶體凹凸不平，應盡量避免。

光線與光線交會之處容易發生「消失現象」，物體好像會從眼裡憑空消失。因此，汽車行進間，與對向車的車頭燈交會之際，原本走在路上的行人瞬間消失，也是這一物理現象所造成。

同樣地，白內障會引起光線散亂，原本好端端存在的物體可能一下子從眼前消失，因此必須夜間開車的人，若有白內障的話，最好要趁早治療。

23 被抱怨「講話好大聲」、「說話咄咄逼人」，真是誤會大了！

當你說話的時候，聽到別人提醒你「講話好大聲」、「說話咄咄逼人」的情形愈來愈常見。如果你是故意扯開嗓門要和人比氣勢，被批評自然無話可說，但是你完全沒有惡意，卻無端被誤會，這是不是太冤枉了？

自己分明是和顏悅色地好好講，晚輩卻說「媽媽幹嘛這麼凶」、「爺爺講話不要那麼大聲嘛」，讓你都不知該怎麼講話了。

說話大聲，有時不是嗓門大，而是**聽力變差了，自己都聽不清自己說的話，自然得提高嗓門**。所以，如果常有人嫌你說話太大聲，可能要懷疑自己的聽力是否有問題，最好上耳鼻喉科做檢查比較保險。

然而，檢查結果如果證實聽力沒有問題，或是還不到配戴助聽器的地步，那麼你的「大嗓門」就可能成為你與家人及周遭發生誤會摩擦的導火線。

你有醫生給你「掛保證」，所以堅持「我好得很，哪有講話大聲」，然而周圍的人卻說你講話好吵的時候，建議你不妨**把自己和家人的對話錄下來聽聽看**。

很少人知道自己說話的聲音，在別人的耳中聽起來是什麼感覺，我最初聽到自己在電視上的講話聲，簡直不敢置信，「我說話是這樣嗎？」「這真是我的聲音嗎？」，甚至懷疑聲音被電視台的製作單位變造過。

我們耳朵聽到的外界聲音，是聲波經過「空氣傳導」後的結果。聲波引發空氣振動，被耳朵裡的聽覺神經所感知。相對於外界聲音是透過「空氣傳導」，自己說話的聲音則主要透過骨頭震動的「骨傳導」，傳遞給聽覺神經。也就是說，我們聽到自己的說話聲，是以上兩種傳導方式混合後的結果，這與錄音播放聽到的自己聲音是不同的。

上了年紀以後，用來捕捉「空氣傳導」訊號的內耳毛細胞（Hair cell）減少，所以對於透過「空氣傳導」傳遞的聲音變得不敏感；換句話說，這時聽到的聲音主要來自骨傳導。

正因為如此，我們自以為說話音量和以前一樣，但其實在不自覺間已經自動將音量變大了。所以聽自己在錄音後播放的聲音，遠比想像中不清楚，卻很大聲。當然，我們還要考慮到聲帶機能問題，這也可能導致聲調變低。

了解自己的聲音以後，或許可以讓你嘗試調整音量，說話稍微小聲一點、委婉一點。請務必試試看。

24

聽不清楚別人說話，想再多問幾次對方就生氣、不耐煩

聽不清楚別人說話，總是會感到不安。有時候是因為說話者的音調太高所致。人的年紀漸長，耳朵捕捉高音頻會比較吃力，所以聽年輕人說話，特別是女性的高音，就容易聽不清楚。

此外，說話的內容也是個問題。人們對話的時候，雖然說是「聽」對方說話，但其實並不只是單純「聽聲音」這麼簡單。對話是有來有往的對答，我們在「聽」的同時，還必須做**某種程度的「推測」**，**以便理解對方說話的意思**。

比方說，孩子告訴你「我今天吃了漢堡」，即使沒聽清楚「堡」這個字，你

也會自己推測是「漢堡」，透過自行推測來理解對方的話。因為對方是在一起生活的家人，你可以很容易推想孩子說的漢堡就是他的晚飯。但對方如果是一年半載才見一次面的人，你可能無從推測他想表達的真正意義，因此只要稍微沒聽清楚，就會完全不知所云。

有時因為雙方好久不見，彼此都熱切地想要分享自己的生活。其中一人想著「要好好聊一下我這趟旅行的見聞」，而另一人則想著「我要把這次吃到的美味海鮮蓋飯告訴他」，各有各的認知，這也會影響到對話中的理解力。

聽不懂對方說話，還可能是咬字問題。反過來說，對方聽不懂我們說話，也要想到**有可能是自己咬字或發音不清楚**，需要提醒自己多留意。

讓我出賣一下自己的父親。他是「姫」、「溪」發音不分的人，「白雪姫」會被他說成「白雪溪」，可是他本人完全不自覺有什麼問題。

某次我們聊到一部電視劇，他說「溪有了動靜」，聽得我一頭霧水。哪來的「溪」呢？正當我對這天外飛來的「溪」完全摸不著頭緒時，他又接著說，「這溪可不得了」，我的天，現在到底演哪齣？我開始猶豫，是要隨口附和他，讓他繼續說下去，還是就此打住。

最後終於搞懂，原來他說的「溪」其實是「姬」（公主），可是這部戲裡並沒有「公主」登場呀！原來，戲裡這位女演員曾擔綱演出大河劇裡的公主角色，從此我父親就自己稱她為「姬」，可是在別人聽來，他說的明明是「溪」。所以說，**如果沒聽懂當然就無法回答，兩者其實是一體兩面。**

幸好助聽器可以補救聽力問題。現在的助聽器做得十分精巧，別人幾乎都不會發覺。不過，想要用得上手，需要一點練習。**最好在聽力尚未極度惡化之前趁早使用助聽器，會比較容易適應。**相關問題，不妨請教自己的耳鼻喉科醫師。

25 牙齒好像變長，甚至還會掉牙

最近十多年來，日本人對牙齒保健的觀念發生極大轉變，隨身攜帶牙刷的人變多了；口腔保健意識高漲，連帶也大幅降低齲齒率。

只是很多人的牙齒外觀儘管漂亮，牙齒的根基卻有「牙周囊袋」囤積齒垢。「牙周囊袋」會造成牙齦膿腫、牙周病，導致牙齦萎縮，牙齒看似變長，然後突然脫落。這種情況也會發生在二十多歲的年輕人身上，因此不完全是年齡問題。

牙菌斑是由微小細菌所形成、具有黏性的微生物群落，這層微生物膜包覆在牙齒上，裡面的細菌盡情繁衍子孫。說起來或許有點嚇人，牙菌斑這種生物膜，就和廚房、浴室排水管上的黏垢，還有沉積在溪底石頭上的那層黏滑物，本質上是一樣的。這層黏垢光是用水清洗不掉。不但如此，細菌還會憑藉著水分，日漸壯大，牢牢黏附在牙齒上，刷牙也刷不掉。

每一毫克的牙菌斑，約有一至兩億個細菌量，如果不理會，這些細菌就會經由血液循環，在身上到處亂竄，甚至引起致命性的重大疾病。

要清除牙菌斑，最好每隔幾個月就上牙醫診所，請醫生幫忙清潔口腔。尤其是裝有固定假牙、活動假牙、植牙的人，更要定期找牙醫師進行清潔保養。話雖如此，連我自己也感覺麻煩，拖著拖著，一晃眼就錯過時間。所以必須提醒自己，牙齒得用上一輩子，不保養怎行，強迫自己設法擠出時間預約洗牙（但仍是會忘記就是了）。

完成牙齒治療以後，我們往往以為從此可以高枕無憂。然而，身體每天都在變化，餐餐的進食咀嚼會磨耗牙齒，牙齦也會因為老化而萎縮。可是外來的人工假牙，無論固定式還是活動式，都不可能自行配合口腔生理條件的改變而調整，於是漸漸與口腔不合，有些還會摩擦造成傷口或發炎。

即使是再昂貴的人工牙齒也會損壞，勉強使用缺損或不再密合的人工假牙，也是造成口腔環境惡化的原因之一。定時檢視自己身上的「配備」，是安適過日的生活智慧。

第四章

心靈好脆弱，覺得愈來愈沒自信

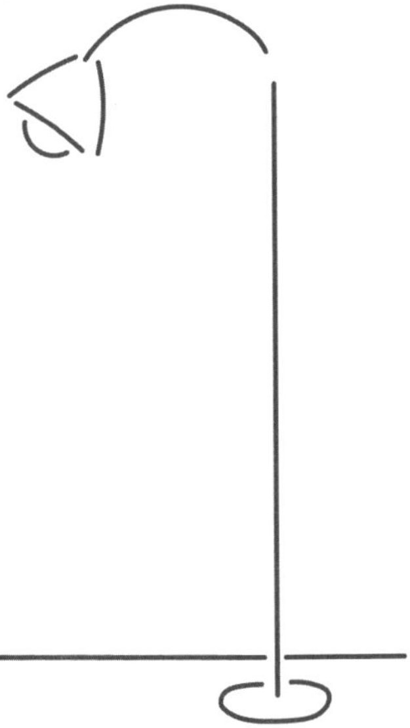

26

覺得時間過好快，而開始感嘆「人生苦短」、「來日不多」

人一步入中高齡，一開口不自覺就會感嘆「人生苦短」、「歲月不饒人」這種老掉牙的口頭禪，但大概也沒幾個人會當真。

不過法國哲學家保羅．珍妮特（Paul Janet）卻從心理學的角度，對此認真做過研究，因此這理論又被稱為「珍妮特法則」。簡單來說就是「隨著年齡增長，會感覺日子過得愈快」。

舉例而言，對於一歲的幼兒來說，一年就是他人生的全部，但是對十歲的孩子來說，一年是人生的十分之一；同樣都是一年，對兩者的人生分量而言，卻有著十倍的差距。

同樣地，從剩餘生命來看，假設健康存活的年齡是八十歲，那麼五十歲的人還有三十年的日子可過，但是對七十歲的人來說，就只剩下十年光陰了。以剩餘的健康人生計算，一年相當於五十歲的人的三十分之一，但是對七十歲的人而言，就只有十分之一。所以**年紀愈大，一年的價值比重就愈高**。

因此，「人生苦短」的感嘆不單純只是情緒化的負面說法。深具價值的一年、意義重大的一個月、不平凡的一天，這些都是提醒我們要珍惜每一個瞬間，是正面發想的原動力。

比方說，當家人提議來一趟旅行，你原本對家族旅行總是興趣缺缺，嫌全家一起行動很礙事，寧可一個人享受釣魚時光，但是一想到能闔家團聚的機會所剩不多了，於是開始重視與家人共享天倫的時光，決定扶老攜幼一同去旅行。我認為能夠如此轉念，對豐富自己的人生大有助益。

當然，我們也犯不著因為一年太短、一個月轉眼即逝，就強行塞滿每一天的行程。**時間的價值是逐漸提升的，只要懂得「不做無謂的事」就好**。誠如在之前的章節提到的，我們已經知道哪些是「自己想做的事」與「自己不想做的事」，只要不勉強迎合他人，把重心放在「自己想做的事」和「絕對該做的事」，然後付諸行動，就不算虛度光陰了。

當意識到生命有限、來日無多的事實，就會鞭策我們優先處理真正想做的事。

此外，不做無謂的變動，也是延長幸福美好人生的要領。若非自己真心想要挑戰的事，盡量以「保守」為上策。

比方說，慣用某款芳香柔軟精的人，最好不要冒險嘗試新推出的香味。當然，如果你是喜歡蒐集各種香味的人，那另當別論，否則保守一點，繼續使用自己習慣的香味就好。要是保守的人做了新嘗試，結果發現「新款香味一點都不好聞」、「原來的香味舒服多了」，可能因此感到受挫，懊悔白花錢，甚至還為此壞了好心情，這多不值得啊！

喜歡到處遊山玩水的人，總是不斷變換旅遊地點，以見識新奇的世界，但如果你是每年夏天都固定到同一家飯店避暑的人，犯不著冒險換新，繼續以往固定的行程就好。若覺得了無新意，或許今年換一套新衣服去度假，甚至在附近找一處新的景點走走，只做微幅改變，也可以降低變化所帶來不適應的風險。

年輕時可以把住過的簡陋旅館、克難旅行拿來當笑話講，但是對於光陰變得極為寶貴的現在，實在不必給自己多增添不愉快的回憶。

當然，每個人對「冒險」與「保守」的定義不同。當你**認定這件事值得冒險**

去做，那麼即使失敗了也能甘之如飴。要將寶貴的生命時光過得有意義，理解自己「在不同年齡階段的變化」是很重要。

27

因為害怕變老，而萌生不想長壽的念頭

有些上了年紀的人容易把「我已經沒幾天好活」、「我都已經一隻腳踏進棺材了」這類喪氣的話掛在嘴邊，偏偏他們反而是最重視養生，會定期接受健康檢查、乖乖遵從醫囑服藥、會限制鹽分攝取的一群人，而我父親就是其中之一。

說穿了，他們其實都希望自己能夠身體健康，延年益壽。因為曾目睹長輩身心衰弱、需要照護、受病苦折磨的經驗，而心有餘悸，害怕自己老來也會跟他們一樣。

儘管內心企求「長生不老」，但是「不願帶病延年、飽嚐老苦」的認知更加強烈，所以便不自覺脫口而出消極負面的話語。

我認為，這種心態和年齡並沒有絕對關係，像是最近也常聽年輕人說「自己只要活到七十歲就夠本了」。明明年輕人距離纏綿病榻、失智還有好長的日子，卻已經開始害怕這一天到來，實在令人不解。而且，會說這種喪氣話的人，年過七十以後又會說「自己到八十歲就不想活了」。總之，**他們無論活到幾歲，對「變老」就是會感到恐懼，害怕「年紀大」的事實**。

相反地，有些人對未來總是滿懷希望，直言自己想長命百歲、享受人生。若是進一步了解這些人的背景，會發現他們身邊通常有「活力充沛的高齡者」。他們以這樣的長輩為標竿，欣然期待自己的老後也會跟他們一樣健康有活力，或許因此降低了他們對年老的恐懼。

你如果是那種「不想長命」的人，請務必試著改變自己的生活態度，為年輕人活出典範，讓他們看著你的背影，欣羨地說：「長命真好！」

那麼要如何活出的老年典範呢？首先，不要特地為子孫留下錢財，而是把錢財用在提升「自我滿意度」上。然後，**不要委屈自己，把自己的日子過好，不必老是麻煩家人，更不需看人臉色**。

比方說，家事請幫傭代勞、坐計程車而不是叫子女來開車接送，盡量生活自理，不要麻煩家人。若能不受制於人，生活自然可以過得輕鬆愜意。如此一來，晚輩看在眼裡，不禁會羨慕「這樣的晚年真好！」認真經營自己的生活，讓年輕人認同嚮往，訂立這種人生目標似乎也不賴。

28 不自覺就發出「欸咻」聲，不喜歡這種壞習慣卻又改不過來

不知道為什麼，出力的時候，嘴裡發出「欸咻」聲，身體好像比較容易使勁。就像鉛球或舉重選手，出手的瞬間會大吼一聲；網球或桌球選手也會在擊球的瞬間發出嘶吼聲一樣。

大家或許以為這不過是單純用來自我激勵的心理作用，然而科學證實，「嘶吼效果」是真的存在，它可以刺激腎上腺素分泌，讓心跳加速、血壓上升。

不但如此，腎上腺素還能暫時提升肌肉爆發力、專注力與判斷力等，提升運動選手的表現。一般人嘴裡發出「欸咻」一聲，想必也有異曲同工之妙。而且**出聲**

的同時，腹肌（核心肌群）必須使力，有助於強化軀幹平衡。

如果嫌發出「欸咻」聲，會讓人感到老氣，那就換個說法吧！像是「來吧！」「我拚囉！」等發語詞，也都能激勵人心，讓人感到鬥志昂揚。總之，出聲為自己加油打氣是件好事。

當家人或身邊有高齡者發出「欸咻」聲時，記得要鼓勵他們：「對，就是這樣才有力氣。」他們也會因為受到認同而開心。

有的人或許會勉強克制自己不要發出「欸咻」聲，但這其實是不對的。身體想出聲為自己打氣，就是因為某些肌肉已經有點使不上力，必須藉此「發功」來釋出更多力量，所以強行壓抑這一本能並非好事。

多數人往往是在提重物，或是從座位上站起身的時候，不自覺發出「欸咻」聲，這些都是必須大量動用到腿部肌肉的時刻。大腿前側的股四頭肌是腿部很重要的大肌肉。正因為很重要，當無法啟動它的力量，兩腿會特別明顯感到無力。

所以，如果想要少說「欸咻」的發語詞，就要好好鍛鍊大腿股四頭肌。常練輕度深蹲，對強化大腿股四頭肌很有幫助。

29 運動不足的人，至少要做到一天一次的「不樂之舉」

過了四十歲後，某天我忽然肩膀劇痛，之後臂膀就舉不起來了，沒想到自己也「中獎」了傳聞中的四十肩或五十肩！

上了年紀以後開始出現肩膀疼痛的問題，很多人單純認為是「時候到了」，而乖乖認命是老化的緣故，心想沒什麼大礙，也就沒去醫院看診，但其實這是有風險的。

肩膀疼痛的原因，有可能只是單純因為年老才出現的「軟組織硬化」，但也可能是「旋轉肌肌腱斷裂」。前者是所謂的四十肩、五十肩；後者則是連結上臂骨與肩胛骨的肌腱斷裂，嚴重時甚至必須動手術。所以，當肩膀出現莫名疼痛時，請務必先到骨科接受檢查，釐清真正的原因。

「旋轉肌肌腱斷裂」的特徵是，手臂即使可以抬高，但會有無法使力或伴隨疼痛的現象；當肩膀上下活動時，會發出「喀啦喀啦」等異樣聲響。這時如果不趕緊做治療，之後可能會出現劇痛，使肩膀活動範圍愈來愈狹小，最終甚至無法自理日常生活。

脊椎骨折的情況也是一樣。你是否感到很不可思議呢？但事實上真的有很多人不曉得自己有這種壓迫性骨折。因為其症狀最初雖然疼痛，可是會逐漸緩和，很容易讓人誤以為這只是上了年紀的腰痠背痛，也就懶得去看醫生。一旦骨折的時日久了，會使得周圍組織硬化。**多數高齡者的腰背圓拱，就是沒去處理壓迫性骨折的結果。**

另外，肩膀、腰部、膝蓋也是如此。人到了一定年紀，對這裡痠那裡疼似乎都抱著隨緣的態度，不會想積極尋求治療，只求能緩解疼痛感，所以就去找推拿師做整復或指壓按摩。不過，這種疼痛真的是老化的關係所造成的嗎？做任何推拿按摩等保健之前，最好先釐清疼痛原因。

我看過許多與年齡無關、需要積極處置的疾病或損傷，卻因為當事人沒有認真看待而錯失治療時機，感到很不捨。特別是女性，必須格外重視骨密度，顧好骨本才能一輩子抬頭挺胸，不用找人看護照料。

大家熟知的骨質疏鬆症就是因為骨密度過低，骨頭內部呈空洞狀而造成的疾病。女性在更年期閉經後，因為荷爾蒙的緣故，造骨變得困難，罹患骨質疏鬆的風險也會大為提高。

一般人常以為大量攝取鈣質可以有效補充骨本，但其實光補鈣是沒用的。除了鈣質，還需要能促進鈣質吸收的維生素D等營養素來配合才行。多攝取乳製品、大豆、小魚、海藻類、深色蔬菜、青皮魚（鯖魚、竹筴魚等），還有菇蕈類，都有很好的補養效果。不過，與其偏重攝取某一類營養食物，不如廣泛攝取各種食物。

比起「每天非吃不可」這裡難以持續下去的作法，倒不如採取「**一星期吃二十種食物**」的人性化作法，反而才能長久實行。

此外，有句話說：「不運動，不長骨。」運動可以有效預防骨質疏鬆。所以喜愛運動、天天勤運動的人，不容易罹患骨質疏鬆症。至於那些不擅長運動、討厭運動的人，總不能拿刀架著他們的脖子，要他們去操練吧！對於這些人，我給他們的建議是，只要「**一天只做一次的不樂之舉**」就好。

比方說，「別搭手扶梯，改走樓梯」，但是要他們對所有的手扶梯都視而不見，未免太殘忍，因此退而求其次，改為「一天中有一次」不搭手扶梯，改爬樓梯就可以。又比如說，從家裡走到車站的路上，小跑步十根電線桿的距離；騎單車或走路去超商或銀行。別小看如此微不足道的抉擇，對於四體不勤的人來說，這可是萬分寶貴的運動時光。

30 運動過後一兩天，肌肉痠痛才姍姍來遲

你認為「運動後立刻感到肌肉痠痛是正常，痠痛來得慢是老化的緣故」嗎？這其實是個誤會。

運動後的肌肉痠痛分為兩種，一種是肌肉周邊堆積乳酸等疲勞物質，誘發疼痛。這類疼痛會在運動後立刻表現出來，但持續時間不長；另一種疼痛是運動造成肌肉纖維受損斷裂，在修復過程中分泌疼痛物質而引起。這類疼痛出現的時間，則視受損的嚴重程度而定。

高強度運動造成的嚴重肌纖維受損，會在操練後很快出現強烈疼痛；長時間

的輕度運動，痠痛相對來得比較慢。也就是說，酷用肌肉的運動鍛鍊，會立刻出現肌肉痠痛，但類似爬樓梯的輕度運動，肌肉痠痛則會在幾天後才姍姍來遲是很正常的。

學生時代參加體育社團，接受嚴酷操練，幾乎是一下場就立刻全身痠痛。中年以後，如果突然挑戰高強度運動，別說是肌肉痠痛，甚至還可能受傷掛彩，所以慎選較為緩和的運動，延遲肌肉痠痛到來，方為上策。

此外，定期活動特定部位的肌肉，也能減輕運動後的肌肉痠痛。例如，定期打高爾夫或是跳草裙舞，不至於大量破壞肌纖維，修復期的痠痛相對減輕。

運動後的肌肉不會在隔天就感到疼痛，並不是年紀大的緣故，而是表示你選對了適合自己的正確運動，所以是個正向指標。

31 在平坦的路上走得好好的，卻會無故跌倒

走著走著無故跌倒，如果是路面高低不平還能理解，但是走在平坦的地面卻還能自摔，讓人不懷疑自己是老糊塗都難。

走路自摔的原因，在於大腿未能抬起到足夠高度，以及腳趾並未確實離地，人卻還繼續往前走。簡單說，就是腳的動作不到位，所以踉蹌了。

可是話說回來，如果只是踉蹌，身體多半可以設法平衡，不至於發展到絆跤的地步。既然如此，身體為何還是會摔倒呢？

以兩腿行走的人類，走路時會將重心輪流在左右腳之間來回轉移。先將體重

放在右腳上，取得平衡以後，再破壞平衡，向前方邁出左腳，再將體重轉移到左腳上。也就是說，在刻意破壞平衡的狀態下，把後方的腳踏到前方。

因此，當後方的腳著地時，如果不能順利取得平衡，即使在毫無障礙的平地上，也會扭到腳踝，或踢到地面而絆跤。這現象就和站著穿襪子，身體會搖搖晃晃是同樣道理。

請測試看看，自己能用單腳站立幾秒鐘？**如果單腳站立不能撐過十五秒，就表示身體的平衡感退化了**。不過，用不著因此感到悲哀，也不用刻苦訓練，只要簡單做到三件事，就可以強化平衡感。

請參照下頁，做到這三件事，就可以重新喚醒身體的平衡感。但請一定要注意安全，慎防重心不穩而跌倒。

或許有人會覺得奇怪：「平衡感怎麼會扯上視力呢？」只要親自嘗試過單腿

◎喚醒平衡感的自我訓練

1. 每天測量自己維持單腳站立的最長秒數。

2. 達到15秒以上者，閉上眼睛，挑戰閉眼單腳站立。

3. 想保持平衡，可配一副適合自己度數的眼鏡。

站立，自然會知道閉上眼睛，身體就容易搖晃，因為視力有補正平衡感的作用。

不需要勉強鍛鍊肌力，只要練就「在身體搖搖欲墜的千鈞一髮之際，當下立刻把重心拉回來」的平衡感，就不容易踉蹌絆跤。還有，**看遠看近都清晰的視力，也能幫助我們更容易保持平衡**。

此外，在家中廣設無障礙空間，例如：樓梯裝設扶手。這樣做雖不能說是未雨綢繆，卻是用來預防跌倒的有效措施。

說到這裡，可能已經有人認為我小題大作。的確，一說到無障礙空間，容易聯想到專為身障者、病人或高齡者所設置的設施。

但其實無障礙設施對年輕人一樣方便好用。我自己就有此體會。某天，我的眼鏡在熱氣蒸騰的浴室裡蒙上一層霧，沒注意到浴缸與地板的落差，腳趾狠踢了浴缸的邊緣一下，簡直痛不欲生，還差點被非常小的高低差絆倒。如果用的是無障礙浴缸，就沒有這樣的風險。我以前住過浴室裡有加裝扶手的住宅，至今還記得從浴缸起身時有多麼輕鬆。因此，**無障礙設施絕不是只限年長者或身障者專屬的設備**。

如果經濟條件許可，與其隨興花用，不如撥出一些預算，慢慢汰舊換新，充實無障礙設施，不但使用方便，更可以降低受傷的風險。雖然跌跤的傷害可大可小，但造成從此纏綿病榻的案例也相當常見。

不過是多一點用心，檢測自己的平衡能力、配戴一副適合的眼鏡、設置居家環境裡的無障礙設施等，就可以躲過往後需要人照護的命運，或是將照護延後五年、十年才開始。

千萬別被「無障礙」的偏見所誤，只需將它視為打造便利的理想居家所必須的設備就對了。

32

翻箱倒櫃找不到的東西，原來一直就在眼前

你經常為找不到東西而暴跳如雷嗎？眼看再不出門，就趕不上看戲的入場時間了，卻遍尋不著門票。昨天明明才和錢包放在一起的，怎麼會不見呢？你急得像熱鍋上的螞蟻，家人過來幫忙找，一眼就瞧見說：「票不就在你面前嗎？」這一刻，你雖然驚喜，卻也多了幾分惆悵。

早個幾年，這根本不會是問題，現在卻不得不懷疑是自己判斷力變差了，還是認知功能出狀況。

找不到眼前的東西，有可能是「視野變狹窄」的緣故。這裡所說的「視

野」，並非「物理視野」（凡眼睛可見範圍，包含隱約可見都算），而是指「有效視野」。所謂「有效視野」，是指眼睛看向正前方，頭部和眼球固定不動的狀況下，所能見的空間範圍。當我們的「有效視野」變狹窄，眼睛即使看到物體，也未必能清楚辨識物體內容，因此無從預測此物體接下來的可能變化。例如：如果辨識到左前方有隻貓，就能做好牠隨時可能竄出的心理準備，或看見右前方有個棄置的塑膠袋，就會預測它可能會被風吹跑。

這裡教大家一個自行測試「有效視野」的簡單方法。眼睛茫然地看著前方，能夠看清楚並把握物體內容的範圍，就是你的有效視野。年輕人大約是上下方向各二十度、左右方向各三十度，隨著年齡漸增，範圍會縮小。

雖然年齡和認知功能都會影響有效視野，但若能**平日經常刻意擴展視野，就能夠保持「有效視野」不限縮**。上了年紀的特權，就是享有不受外界打擾的清靜時光，可以沉浸在自己的世界裡，專注某項興趣嗜好。不過，凡事有利有弊，享受一個人的好時光，往往造成有效視野日漸狹窄，找東西愈來愈不靈光。

因此，首先要認知到「自己的有效視野會變小」的事實，然後比過去退一步來欣賞看慣的風景，就會發現映入眼簾的範圍擴大了。這樣的認知與調整，可協助維持有效視野。

另外，擴展有效視野也可以加強訓練。方法是直視正前方，固定視覺焦點，盡量辨識上下左右方向的遠處有何物。看風景或文字皆可。

比方說，向正前方伸出一隻手臂，豎起大拇指，凝視大拇指；眼睛和頭部完全固定不動，辨識大拇指前方，以及上下左右各方向分別有何物。相信你會發現，自己的辨識能力遠不及自以為的好。

一天一次，一次三分鐘左右，持續進行「擴展有效視野」的自我訓練。只是確認自己每天的有效視野，都會有所幫助。若是搭捷運，在公共場合不方便伸出手臂時，可將站在前方的乘客後腦勺，或車廂裡的吊環作為凝視的中心點看出去。

簡單的小訓練便可維持有效視野，對於預防視覺的認知功能衰退也有幫助，值得持續訓練。

◎擴展有效視野的練習

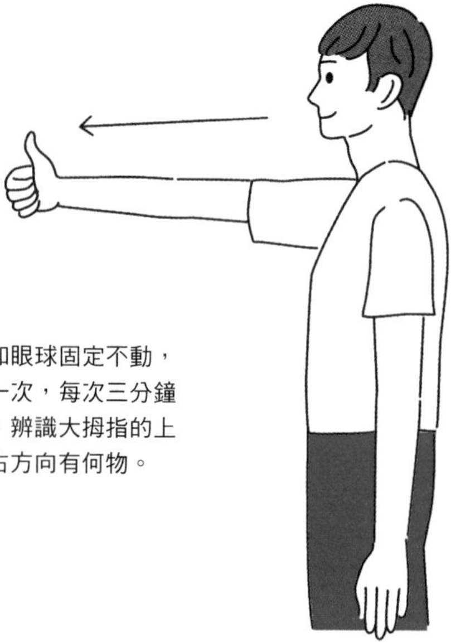

頭部和眼球固定不動，一天一次，每次三分鐘左右，辨識大拇指的上下左右方向有何物。

33 害怕一個人度日，不想要孤獨死

常聽到單身的人，來到四、五十歲以後，忽然開始擔心起自己的老後生活，糾結點在於「害怕一個人孤伶伶死去……」。放心吧，任誰都是一個人，但並非孤伶伶。

這話怎麼說呢？我每天接觸大量的高齡病患，發現**獨居的人不僅身心安好，而且看起來也精神抖擻**。當然，你也可以說他們是在我面前強顏歡笑，但至少在我眼中，他們似乎過得挺開心自在。

他們對我說，比起被家人處處叮嚀「別拿菜刀，太危險了」、「小心地面高低不平」、「別老是吃甜食」等過著動輒受限的憋屈生活，反倒是一個人愛怎麼過就怎麼過，快活多了！

能夠和家人同住一個屋簷下共享天倫，固然令人欣羨，可是也別一味只看到別人的好處，而忽略了自己正享受的無拘無束。

社會福利照顧日漸成熟，有的社福單位每天派出照護員到宅關懷、陪伴老人，有的提供送餐服務，為獨居的年長者解決種種生活難題。許多老先生老太太都說，「照護員比家人還貼心」、「和照護員聊天好開心」。

與其擔心一個人生活缺乏照應，而勉強依附家人，不如自己住進設施機構。現在有愈來愈多環境設施完備的長青公寓可供選擇，不少人會趁自己身體還硬朗的時候，多處參觀比較，選定幾個「值得託付餘生」、「可以安度晚年」的養老機構口袋名單。

害怕一個人，所以想方設法給自己找個伴，這可能是非常折磨人的辛苦事。如果真能覓得有緣人，突然展開兩人生活，互相適應的過程可能叫人精疲力竭。而就算與配偶或兒女同住，也不可能二十四小時形影不離。有些人過的明明是家庭生活，卻還是經常孤單一個人，只會備感淒涼。所以，別因為害怕寂寞，而硬要找人湊熱鬧。

有喜歡的人或物陪伴是幸福的。這個喜歡的陪伴對象可能是家人、寵物、朋友，甚至是電視機、超商店員、社區活動中心一起上課的學員或老師。只因為受制於社會老舊觀念，深信「一個人生活就表示孤苦伶仃」、「非得和家人一起才幸福」，而把自己逼入死胡同，實在令人唏噓。

有家人隨侍在側固然很好，但是**一個人生活其實非常輕鬆自在，千萬不要被「和家人一起才幸福」的社會舊思維牽著鼻子走。**感到無聊寂寞的時候可以看電視、打電話；漫漫長夜沒人陪時，不妨找件事情讓自己忙。你可以追劇，或是忘情讀完一本書，甚至不停運動好讓自己累到睡著。總之，全神專注在一件事，就不會胡思亂想。

如果不是寄情宗教信仰或心性豁達之人，無論他採取或不採取行動，都會因為自我懷疑而感到不安，所以只要不給自己太多胡思亂想的時間，就能保持心情輕鬆。

就我觀察諸多人生前輩所見，從結論上來說，我們其實無須對於獨居或孤獨死感到悽悽惶惶，把當下的日子過好才最實在。

34 不想要纏綿病榻，討厭疾病的後遺症

如果詢問大家想要怎麼死，多數人都會選擇「老衰」。但是從嚴格的定義來說，我們認知的「老衰」，也就是「自然善終」，既不是疾病，也並非死因。本人可能是死於肺炎、心肌梗塞等原因，但若未經解剖勘驗，無法釐清真正死因，在家屬同意下，就以「自然善終」交代過去。

大家心目中的「自然善終」，或許是短短臥床數日，平靜等待生命流逝，嚥下人生最後一口氣。但是在現實生活中，這樣的福分是極其難得的。臥床時間的長短會受到很多因素影響，何況醫療介入還能夠延長存活的時間。這時，大家最

害怕的「照護」就出場了。相信任何人都不希望自己淪落到不得不假手他人維持生命的「癱瘓」狀態。

還有的人因為腦梗塞、糖尿病的合併症或後遺症導致半身不遂，接受復健也很難完全康復，日常生活都需要人照護。

但是，我從病人身上發現，需要人照護並非全都是壞事。尤其是平素沒有興趣嗜好的人，反倒樂在有人照護的生活。

而那些喜歡看電視或錄影帶、聽音樂、吃美食、閒聊天、閱讀書報等，**把日常小事當樂事的人，即使無法像過去那樣自在行動，仍然比較看得開**，懂得常保好心情。

「不去細數自己失去的，而是關注自己擁有的」，能否做到這一點，會決定剩餘人生的豐富精采程度。從和許多高齡前輩接觸的經驗當中，讓我明白了：一個人只要「視覺」、「聽覺」、「飲食」、「說話」當中的任一功能還堪用，就可以感受活著的喜悅。

五體具足的時候，總以為「眼睛看不見，人生就完了」、「雙腿不良於行，人生樂趣就少了一半」，一旦真的不幸失去視力或下半身不遂，最初難免痛不欲生，但逐漸克服生理功能障礙，學會用剩餘的其他功能享受生活的時候，人生又會再度重燃希望，甚至因此更懂得珍惜生命。

35

個性變得頑固又易怒，自己居然成為討人厭的長輩了！

如果是天生頑固的人就算了，本來很開明的人，上了年紀以後卻被人批評「變頑固」，那或許**並非是本人的問題，而是受周遭影響的緣故**。

五十歲以前，多半是你指揮別人的機會多，無論在職場還是在家中，常常是你說了算。相對之下，別人指揮你要這樣那樣，或嫌棄你做錯的機會比較少。但情勢在悄然間逆轉了。

在家裡，當你正跟電腦或智慧型手機功能苦戰時，孩子一把搶了過去說：「東西拿來，我幫你設定啦！」你要開車，家人卻嫌棄說：「太危險，實在不敢想像！」而在公司，年輕員工滿嘴的網路世代語言、次文化用語，職場裡充滿著「大叔、大嬸別說話」的氛圍。

自己分明還感受不到變老的症狀，身邊的人卻擅自認定「你就是辦不到」、「你做事很危險」，有誰會喜歡這種「被迫退位」的感覺呢？

或許你心想：「縱使眼力變差，看不清手機畫面；指紋變淺，操作變得遲鈍又如何，什麼時候輪到你們來對我指手畫腳了？」但由於你的不滿非常明顯寫在臉上和態度上，所以旁人會誤以為你「變頑固了」或是「變得暴躁易怒」。

若想要成為得人疼的長者，不要管別人說什麼，你都微笑以對就是了。因為，步入高齡化社會以後，走到哪裡都是年長者，想找個年輕人來照顧自己也不容易。所以**自己能做的事，盡可能自己來**。

需要年輕人手的時候，最好能不仰賴兒女，在經濟能力允許的範圍內，請鐘點看護也是個方法。

勇敢接受「人老了以後，多少會有些不方便」的事實，其實念頭一轉，也就海闊天空了。畢竟惹得兒子女兒嫌，大家都不好過呀！

第五章

到了傍晚毛病多，總是害怕夜晚降臨

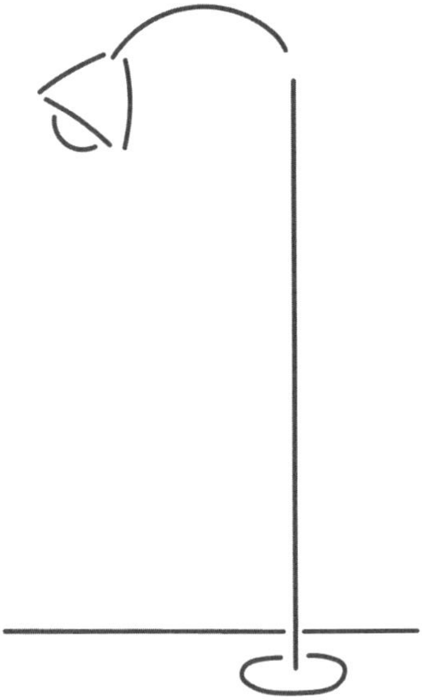

36 睡前先暫躺沙發再去小解，就能輕鬆解決夜尿問題

睡到半夜常常被膀胱叫醒，因為夜尿中斷睡眠，而深感困擾的人，可以在睡前嘗試以下方法。

就寢前大約十五分鐘，先在沙發躺個五分鐘左右再去小解。這是因為年齡增長，下半身容易積聚的水分和代謝廢物，當身體躺平之後，這些物質會在流經上半身的時候引起尿意，趁此時趕緊先去上廁所，再鑽進被窩裡睡覺，就比較能夠一夜好眠。

如果省略這個睡前的準備動作，直接躺平就睡，等白天堆積在腿部的水分回

流全身，就如同在睡眠中大量攝取水分，入睡幾小時後，便會被尿液脹滿的膀胱叫醒。

很多人只是用了這個簡單的方法，就明顯減少夜尿次數。半夜尿急，起床小解，常容易發生跌倒等意外，就算並非年長者，同樣也有風險。試試這個方法，願你一夜好眠，一覺到天明。

37

設定好空調時間，是一夜好眠的重要關鍵

除了夜尿擾眠，也有不少人說自己以前很好睡，現在卻總是半夜轉醒，或是半夜醒來就再也睡不著。問他們是否心中掛念著事情？他們也說不上來，就只是隱隱感到內心不安。若有這種狀況，請檢視一下自己的生活。

以前睡得好，是不是因為當時每天都奔波勞碌，而現在生活步調終於可以慢下來，過清閒日子，所以身體沒那麼累？乍看之下，「好睡」似乎是件好事，卻也可能是「欠了太多睡眠債」的緣故。

以前大量用腦、透支體力，總是睡眠不足，所以一倒頭就睡死。現在沒有那

麼大的活動量，身體不再需要這樣的呼呼大睡，就可以保持平衡狀態。

至於為什麼會輾轉反側，無法成眠？恐怕是因為「非睡不可」的強迫觀念起了反作用。入睡是一種身心安穩的狀態，**非睡不可的強迫心理，會造成緊繃，精神反而更清醒了。所以，不在意半夜轉醒，更有助於好眠。**

像我在山形縣也有看診，去那邊必須得搭乘一大清早的首班新幹線，因此前一晚心中便掛念著「明天得早起，今晚非趕緊睡不可」，結果反而睡不著。

其實解決方法很簡單，善用空調對於提升睡眠品質大有幫助。有的人整夜開著空調，有的人則會設定時間。基本上，整夜開著並無不妥，但如果是設定時間開關的人，那就要多注意了。大多數會半夜轉醒的病人，幾乎空調都只設定兩小時。因此建議改為設定三小時左右，就可以大幅降低半夜醒來的機率。

睡眠分為淺眠的「快速動眼期」（rapid eye movement，簡稱ＲＥＭ）和深眠的「非快速動眼期」（non-rapid eye movement，簡稱NREM），兩者每隔九十分鐘左右會交替循環。入睡後九十分鐘左右睡眠會轉淺，以此推算，入眠後的一小時半、三小時、四小時半、六小時是容易轉醒的時間點。

所以如果將空調設定在兩小時後，夏天的話，室溫會逐漸升高；冬天的話，室溫逐漸下降，等到了三小時左右，這是正好溫度產生變化，又剛好碰到睡眠轉淺的時間點，所以人就醒過來了。

睡覺時將空調設定在舒適溫度是個好主意，但如果不想開一整晚的空調，請至少設定在三小時後關閉。這麼一來，讓室內保持在舒適溫度下，比較能降低半夜醒過來的機率。

另外，經常有人抱怨「太熱（太冷）就會醒來」、「外頭車子的引擎聲太吵」、「身上有搔癢感就醒了」、「受不了棉被的窸窣聲」等等。事實上，這些干擾並不是發生在醒來的瞬間，而是早在醒來之前就持續了好一陣子，因為睡眠轉淺，才意識到這些擾眠的事。理解其中緣由，半夜醒來也就不以為怪，心裡釋懷以後，自然能夠輕鬆以對。

如果是皮膚敏感的人，要留意棉被或衣服的材質。一般都以為一〇〇%的棉織品最好，但是它可能在摩擦中發出聲音，或在接觸皮膚時產生強烈刺激感，並不完全適合年長者的肌膚。不妨嘗試棉紗布、細麻布、蠶絲等材質，找出可以讓自己熟睡的寢具材質。

最重要的是早上起床後，要讓自己充分沐浴在晨光中。這是由於**晨光能促進荷爾蒙調節，可以你夜晚睡得更香甜。**

38

很久沒有一覺到天亮了，半夜清醒後就再也睡不著

接續上一節的話題，假設半夜醒過來了，該怎麼辦呢？尤其是半夜起床上完廁所後，就睜著大眼再也睡不著了，這種現象也常見於二、三十歲的年輕人。睡不著的原因，跟「滑手機」有很大的關係。因為在滑智慧型手機時，螢幕發出的藍光進入眼睛，會刺激大腦誤以為天亮了，所以夜晚不使用智慧型手機，方為明智之舉。

同理，眼睛不過是見到亮光，都可能喚醒大腦，所以夜晚滿室燈火通明，會讓人睡不安穩。睡覺時不宜開著大燈，但是要記得預留一盞小夜燈，防止夜晚起

床上廁所分不清天南地北而跌倒。小夜燈的照射角度也有技巧，若是直接照明的亮度太刺激，透過眼睛仍會喚醒大腦。最好是以間接照明的柔和光線，照亮來往廁所的腳邊動線。此外，張大眼睛容易刺激交感神經興奮，導致人更不易入睡，半睜著眼則對交感神經的刺激較小。然而最要緊的，還是不要對半夜轉醒這件事耿耿於懷，強迫自己趕緊入睡。

假使真的睡不著那就起床，離開床邊，看看書、練吐納、做伸展、打坐等，做一些簡單的事。等到身心放鬆下來，再回到被窩裡，往往就會產生睡意。因為當體溫下降時，人就會想睡覺。**輕度活動身體，會讓體溫暫時升高，待體溫回降時，睡意就上來了。**

有些人會因為不好睡，而選擇服用安眠藥，卻還是會在半夜醒來，難道是藥效差的關係嗎？不是的，這是因為醫生開的處方藥或藥房的安眠藥，幾乎都是

「睡眠導入劑」，藥效大多只能持續兩至三小時。當睡眠進入淺眠周期，又正好遇到藥效結束，人就會醒來了。所以，**服用睡眠導入劑後醒來，並非是因為藥物無效**。

抱怨睡不著的人，總體的睡眠時間其實應是足夠的。或許是聽多了媒體常說「每天睡不足〇小時會短命」之類的報導，而對自己的睡眠時間產生焦慮。翻遍各種研究文獻，睡太多或太少是可能提高罹病的風險，但至今尚未能證實與壽命有直接關連。

再說，睡眠時間有個人差異，有的人睡少就足夠，無須強求睡更多。有的人白天嚴重發睏，甚至影響日常生活，這種人可能需要進一步檢視自己的狀況，如果午睡三十分鐘左右，醒來神清氣爽的話，那就沒問題。

39 半夜腿抽筋，補充電解質會有不錯的效果

以前睡覺都沒事，現在會沒來由地突然腿抽筋，真叫人擔心是否身體有什麼狀況。

抽筋又稱為「疼痛性肌肉痙攣」，特別在運動或大量飆汗之後，很容易發生這種現象。若是經常腿抽筋，就要考慮可能是體內的電解質失衡。肌肉細胞裡含有鈣、鎂、氯、鈉、鉀等礦物質，當這些礦物質的比例失衡，便會引發細胞過度收縮，造成「抽筋」。

睡到半夜容易抽筋，是因為身體在睡眠期間沒有活動，血流量減少，使得電

解質的比例失衡。此外，睡眠中出汗，也可能導致電解質失衡。所以當肌肉裡的**電解質失衡的時候，一個突如其來的翻身便會造成腿部肌肉猛烈收縮，人就會因劇痛而嚇醒。**

我見過不少因為接受眼部手術，才幾十分鐘定住不動就腿抽筋的患者，他們不是只有高齡病患，也有很多是五十多歲的中年人。在手術室因為溫度低，身體又定住不動，加上情緒緊張，而讓肌肉變得緊繃，更助長抽筋發生。

那麼，要如何改善抽筋問題呢？因電解質失衡造成抽筋，以「鈣離子不足」的人居多，**建議可飲用電解質補充飲品**。像是選擇「特保」*認證的不加糖零卡飲品，就能避免攝取過多熱量。

倘若抽筋仍不見改善，要懷疑可能是「鎂離子或氯離子不足」，那就應要多**攝取蔬菜水果，藉由均衡飲食來調節電解質**。與其大量補充營養，不如檢視自己平日的三餐飲食內容，是否因為是蔬菜吃太少或乳製品攝取不足，從改善日常飲食做起。

此外，適度飲水也可以避免身體缺水。缺水時就該多喝水，飲用酒精與含咖啡因飲料都不能補充不足的水分。

從根本來看，若是腿部肌肉結實有力，即使電解質稍微失衡，也能透過通暢的血液循環緩解症狀，所以適度運動是預防與治療不可或缺的一環。

*「特保」是指「特定保健用食品」的簡稱。日本自一九九一年起，對於通過嚴格認證的健康食品授予「特保」標籤，方便民眾辨識該商品是具有保健功效。

40 擔心打鼾太擾人，不敢和朋友出門過夜

通常和別人碰面的時候，都會打扮得漂漂亮亮的，開口說話時，會稍微讓聲音聽起來柔美一點，就算不開口，也能刻意展露莊重大方的氣質。然而，人只要一睡著就原形畢露，無法維持平常完美的形象了。

對於喜愛旅行的人來說，這是相當困擾的問題。特別是和朋友或旅伴一同出遊的時候，素顏相見也就算了，最怕的是入睡後鼾聲雷動，吵得同房室友都不能入眠，實在顧人怨。

睡單人房是最直接了當的解決方法。像是住院病人的打鼾問題，也常常是引

發糾紛的導火線，因此有不少人為了圖清淨，寧可自己補貼差額，換到單人房。打鼾其實不是本人能控制的生理現象，到處被人嫌棄也真可憐。不過，想要防止在旅行中睡覺打鼾，有幾個方法可以試試。

首先，**不要喝酒，或是要喝也不要過量**。這是因為酒精會使肌肉放鬆，當咽喉部肌肉的張力下降，就容易打鼾。

再來，經常鼻塞的人若接受治療，也能防止打鼾。很多人以為只不過是輕微鼻塞也沒什麼大礙，殊不知因過敏引發鼻塞，也是導致打鼾的主因之一。

還有，調整睡姿也有助預防打鼾。仰睡時，下巴因為重力而向下垂墜，就會壓迫到空氣流通的氣管。相較之下，側睡可以避免壓迫到氣管。只不過睡著後，本來側睡的身體又會不自覺躺平，那該怎麼辦呢？可以事先在背後墊一團厚毯，以免自己躺平。這方法對有些人有用，有的人不管用。不管用的人說，在睡夢中會不知把毯子踢到哪裡去了，也有人說背後墊著毯子會睡不好。總之，各種方法都可以試試看，找到適合的最重要。

說到這裡，提醒有胃食道逆流或腸胃不適的人，建議以右側睡為佳。因為如果往左躺，胃裡的食物容易逆流上來，胃酸就有可能直接衝進嘴巴裡。

還有，服用安眠藥也可能引發打鼾。因為安眠藥有鬆弛肌肉的作用，容易造成咽喉部的肌肉鬆弛。睡在不熟悉的地方，精神難免會亢奮不安，需要更長的時間才能夠入睡，但是為了預防打鼾，旅行這幾天暫時不依賴安眠藥，也是個方法。

一般的印象認為，肥胖男性容易打鼾。的確，噸位重的人頸部周圍脂肪相對肥厚，當肥厚的脂肪壓迫咽喉四周，氣管受到擠壓就容易打鼾。

不過，**引發打鼾的最大原因，其實是氣管狹窄**。吸氣時，空氣通過狹窄的氣管，振動咽喉發出噪音，這就是擾人的打鼾聲。

肥胖固然是造成氣管狹窄的首要原因，但除此之外，像嘴巴和下顎窄小、口腔後方狹窄、舌頭偏大或偏厚、齒列不整等的人，會因為仰睡時由於舌頭「無處可放」，容易阻塞氣管，而造成打鼾。所以，精巧細緻的「巴掌臉」雖然常令人欣羨，不過由於下顎窄小，支撐咽喉的肌肉無力，使氣管容易受到壓迫，因此這類人很多都會打鼾。

儘管夜晚鼾聲大作，若照樣能睡得香甜，**白天也精神飽滿的話，打鼾應不會造成健康危害**。然而，如果打鼾之外，又有呼吸中止的現象，使得白天總是昏昏欲睡，就要懷疑可能罹患「睡眠呼吸中止症候群」，請至打鼾門診、睡眠專科門診或耳鼻喉科接受診察。專科醫院有「持續性陽壓呼吸器」（Continuous positive airway pressure，簡稱CPAP）提供病患出租使用，這是一種輸送氧氣的醫療設備，或者也可以到牙科診所訂製一副專屬的止鼾牙套。

若只是輕度的睡眠呼吸中止，使用**止鼾牙套即可見效**，方便攜帶，是可以考慮的防止打鼾的方法。

41 泡澡後反而全身更加疲累?!

常聽人說「夏天也要好好泡個澡」，泡澡可以溫暖身體，平衡自律神經功能，所以是四季皆宜的養生法。

當身體浸泡在溫水中，使得血管擴張，促進血液循環，進而舒張毛孔，排出多餘的皮脂和代謝廢物。不過，全身浸泡（泡澡水到肩膀）的時間太久，反而會造成身體負擔。

尤其是喜歡泡攝氏四十三度以上熱水澡的人要注意。熱水會刺激血流忽然加快，讓大腦和心臟裡的血液一下子流向四肢末梢。加上身體承受水壓，刺激心跳加快、血壓上升，造成大腦和心臟額外負擔，反而導致「泡澡後累呼呼」的現象。

大家都知道溫泉泡過頭會引發身體不適，老年人在泡澡當中昏厥的意外屢見不鮮，就是這個緣故。

那麼，該如何泡澡才能夠兼顧養生和安全呢？**把泡澡水溫設定在「溫水」的程度就好**。中高年男性為了洗滌一天的疲憊，常偏好熱燙的洗澡水，其實泡溫水的效果更好。還有，浸泡到肩膀的全身浴風險性高，**選擇浸泡到肚臍左右的半身浴會比較安全**。

泡澡前後要留意溫差。冬天時浴室溫度低，洗澡水熱呼呼，冷熱溫差之間便埋藏著致命危機。雖然在天寒地凍中泡著熱騰騰的澡，很有露天溫泉的feel，但就在這一冷一熱之間，會使得血壓劇烈震盪，甚至可能令人失去意識。此外，利用蓮蓬頭蓄洗澡水，可以促使浴室的溫度升高，而減輕身體溫差負擔。

在家中泡澡，還有個安全又省事的策略，就是讓年輕人打頭陣*。

第一泡新鮮洗澡水的刺激性強，不利於皮膚保護力較弱，或不耐血壓上下波動的人，不妨讓家人先用過以後再泡。何況浴室有人先用過，室內溫度也變得比較高，對年長者來說也較為合適。

倘若對家人用過的泡澡水心有芥蒂，可以在裡面加一點泡澡劑。使用泡澡劑也需注意一下成分，應該避免含有硫磺成分的溫泉泡澡劑，其成份容易刺激皮膚，建議選擇以保濕效果為主的泡澡劑。

* 日本人在家中泡澡，往往是一缸水全家輪流使用。入浴的順序通常按照輩分，長幼有序。

42

傍晚以後就四肢沉重，不能再像以前那樣熬夜

日暮時分，身體累積了一天的疲勞，會感到沉重不聽使喚是必然的。眼睛、鼻子、內臟等全身器官，入夜以後變得不靈光，這是不分年齡的共同生理現象。

不同的是，年輕人活力十足，即使傍晚以後活力減弱，也不會感覺太難熬。但是步入中高齡後，活力不比年輕時，早晚的體力落差依舊，但是傍晚所剩的活力大不如前，所以會感到辛苦。

當感到辛苦時千萬不要硬撐，應配合自己的體力狀況來活動。比方說，只在下午三點前做吃重的事，或是中午睡個午覺。尤其是用腦的活動，盡量安排在中

午前，體力活則可等到中午以後再進行。不只是中高年人如此，十幾二十多歲的年輕人也適用這一原則。

此外，早晨起得早，下午也會累得早，這本來就是很正常的現象。習慣早起的人，不妨配合自己的睡眠時間，將一天的活動都提前進行，傍晚就不會感到太吃力。對於需輪班工作的人，可以運用「夏令時間」的概念，來調整自己的作息時間表。

晚上東摸西摸，大半夜還不睡覺，非常不利身體健康。在尚未發明電的年代，大家天黑就得入睡，這才合乎生理的自然規律。人體唯有遵循自然規律，才能夠維持健康。人類挑燈活動不過是近百年的事，所以天黑之後感到疲累是正常的，大可不必為此煩惱自己年紀大不中用。

43 一喝酒就頭痛，原來是對酒精的耐受力變差

過了一定年紀以後，突然變得很容易酒醉，而喝過酒的第二天，感覺身上的酒精還沒退散，這就表示身體代謝酒精的時間拉長了。

酒精進入人體內，經過胃腸消化吸收以後，被輸送到肝臟，先分解成有害物質乙醛，體內的酵素再將乙醛分解成醋酸。容易醉的人就是體內分解乙醛的酵素少，使得乙醛在血液中流竄，導致臉部發紅、頭痛、噁心想吐。

不但如此，人體分解酒精的能力還會隨著年齡而衰退。酒精分解後的有害物質留存在體內時間拉長，不僅容易喝醉，酒精也退得慢。由於問題是出在代謝速

度，所以慢慢喝就沒事。

因為喝酒易醉，所以不再海量飲酒，其實也是個收穫，促使我們轉變的契機，開始步上好酒淺酌的成熟品酒之道。

第六章

想問人又説不出口！那些令人害臊的嚴重困擾

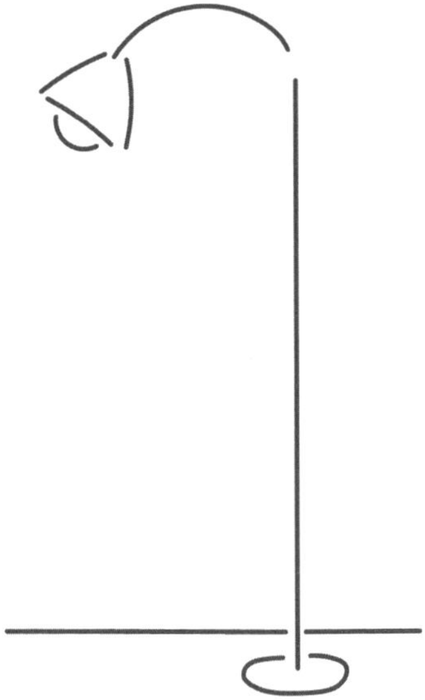

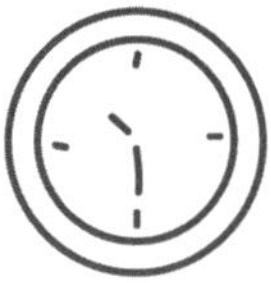

44

有屁憋不住，老是不自覺就放出來了

在公共場合公然放屁，是有違禮儀的不雅行為。

情侶談戀愛的時候，不少人在對方面前連屁也不敢放一聲，然而婚後連環屁大爆發，卻臉不紅氣不喘。不過認真地說，「放屁」其實是有益健康的行為。

屁是原本應該進入肺部的空氣跑進食道，經由肛門排出的氣體。當我們喝碳酸飲料、邊吃飯邊說話的時候，空氣最容易跑進食道，因此吃東西的當下或之後，就會打嗝。強忍住打嗝或是無法好好打嗝，空氣就會跟著食物一起通過消化道，最後來到肛門成為「矢氣」。

「矢氣」並非是壞東西，忍住不放反而對身體不好。在家關起門來就是私人空間，家人之間可以相互體諒，也不會特別追究。但是當出門在外，在大庭廣眾下或辦公室裡，就無法隨便排放了。一旦感到肚子發脹，氣體在腸子裡跑，得趕緊到洗手間解決才好。之後萬一沒忍住，可能會在意想不到的場合下「噗」的一聲噴發而出，這樣反而尷尬難堪。

有的人到處亂放屁，連幾秒鐘都憋不住，原因就出在肛門括約肌把持不力。無論放屁或排便，正常肛門括約肌都可以hold得住，但假使肌肉鬆弛無力，就可能不聽使喚而放出來了。

為了拿回身體的主導權，恢復控制自如的肛門，平日必須好好自我**訓練肛門括約肌**。

肛門括約肌和身體的其他肌肉同樣需要鍛鍊，每天只要稍加運動，就可以強

◎鍛鍊肛門括約肌

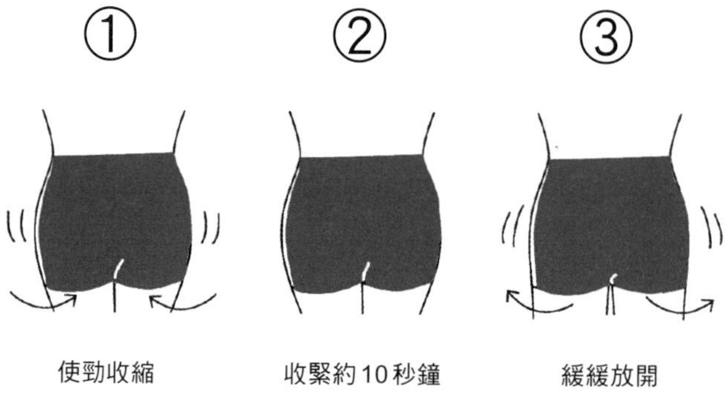

①～③反覆練習兩到三次。

化肌力。

首先輕鬆坐在椅子上，雙腳微開至與肩同寬。使勁收縮肛門（女性則連同陰道一起收縮），收緊十秒鐘之後緩緩放開。一天練習數次，情況就會大為改善。

肛門括約肌平日除了排便以外，幾乎不太會運動到，如果不刻意訓練，根本沒有鍛鍊機會。因此，在捷運、公車、辦公室坐著或站著的時候，你都可以抓緊時間來鍛鍊肛門括約肌，而且根本不會被別人發現。

為了不要在大眾前放屁出醜，除了告訴自己「要忍住」之外，也需要自己控制好肌肉來配合。

我自己也是肌肉無力之人，有時在電車上忽然有了便意，或是在重要場合脹氣時，肛門就會憋得特別辛苦。

有時急著跑到廁所解放，卻間間客滿，到底是該耐心排隊等候，還是趕緊另覓他處解內急，這種天人交戰實在是折磨人。若不想經常面臨這種抉擇的話，勤做肛門括約肌運動會有很大的幫助！

45

有一點尿意就想上廁所，跑廁所次數多到嚇人

出門一見到洗手間就想進去蹲一下，或是每小時不去上一下洗手間就不安心，或者不是真的尿急，但還是去上個洗手間「以策安全」這些愛跑廁所的習慣，連旁人看了都為你感覺很累，不禁心中暗想：「年紀大還真麻煩，我才不要變老！」但這真的是年紀大的關係嗎？

其實這是因為你已經養成了「預防性排尿」的習慣，導致小解次數增多。年齡固然是因素之一，但**不當的習慣才是主因**。

我在動手術時，是不可以中途跑去上廁所的，所以在手術前會頻繁小解，進

行「預防性排尿」，結果便導致平常不需手術的時候，即使沒尿意也會去上個廁所。不知大家有沒有類似的經驗呢？

膀胱儲尿量達到七成滿左右再去解放也都不遲，但是有時為了某些作業需要，不得不提前解放；或是有著大家都去，所以自己也跟著去上廁所會比較保險的心態，在膀胱儲尿量不過兩三成滿就跑去廁所。如此一來，就給了大腦「儲存量兩成滿是上廁所適當時機」的認知，經年累月以後，膀胱的儲尿能力就變差了，一天到晚便發送「要去上廁所」的信號。

那麼，到底一天該排幾次尿呢？因為有個人差異，其實並沒有標準可言。不過，當你意識到自己小解次數明顯增多時，請試著節制自己跑廁所的頻率，只在真正有尿意的時候才去解放。這麼一來，膀胱的儲尿能力應該會逐漸回復到原有的能力。這方法對治療漏尿也非常有效。

46 打噴嚏變得好大聲，總是被別人白眼

年輕女性打噴嚏總是輕柔矜持，相形之下，大叔打噴嚏就很豪邁，聲音驚天動地不說，甚至毫無遮攔，惹得女士們白眼，覺得既不衛生又沒品。

然而，女性到了一定年紀以後，竟也效法男性的豪邁作風，打個噴嚏震天響，這是由於**過去輕聲打噴嚏，已經無法達到清除異物的作用了**。

打噴嚏是為了清除阻塞在鼻腔裡的異物，這個動作動用的是上半身所有的肌肉，而有的人打噴嚏會漏尿，就是腹肌太用力的結果。上了年紀的女性肌肉無力，輕柔的「欸啾」力道不足，根本無法清出鼻腔異物，所以必須傾盡全身的力

氣，狠狠地「哈啾」才行。

尤其抽菸的人更要留意，抽菸會導致痰變多，因此打噴嚏也要更費勁，才能夠清除異物。還有灰塵多或是乾燥的場所，咽喉和鼻腔都會特別乾燥，這時打噴嚏的力道也就更驚人。

感到鼻子發癢、想打噴嚏的時候，如果刻意想表現紳士淑女風範，輕聲「欸啾」，不僅噴嚏根本打不出來，反而會流鼻水和眼淚，搞得整個人不舒爽。

下回打噴嚏時，可以趕緊用手帕或手臂遮掩口鼻，不給周圍造成困擾，就能盡情地大聲「哈~啾」了！

47

下面好像有點濕濕的！難以啟齒的漏尿困擾

當開始有漏尿的現象出現時，就不得不懷疑自己是否是真的老了。

但是，根據花王公司的調查（請參照下頁的圖表），三十多歲女性就有二三％出現漏尿現象，四十多歲女性則增加到三〇％，六十多歲後達到三五％，七十歲世代竟然不增反減占三四％，可見得漏尿人口並非愈老愈多。女性的漏尿徵狀其實早在年輕時就已經出現，只是**直到年紀大了之後，才敢和他人談論漏尿困擾，而發現原來別人也有同樣遭遇，因此誤以為大家都是老了才漏尿**。

另一方面，三十歲世代的男性，有漏尿問題的比例不過一〇％，到了七十歲

◎輕度尿失禁的男女性別比例

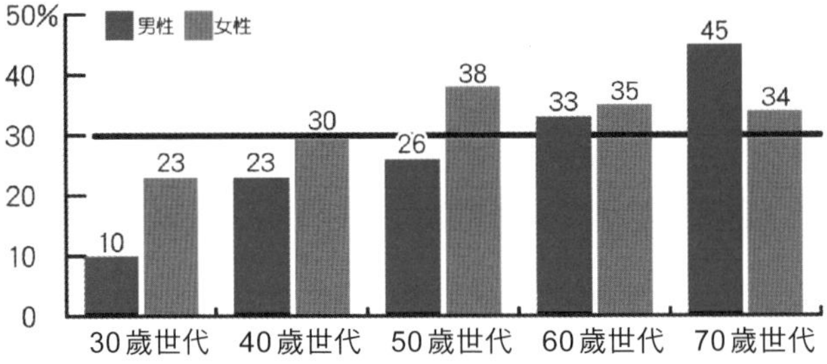

30~79歲　男性614人、女性642人（2017年，花王公司調查數據）

世代，竟然高達四五%，代表年齡因素對男性的影響非常顯著。我自己就深有感受，隨著年紀漸增，小解變得不痛快。

尿失禁的原因，主要來自三方面：

其一是「腹壓性尿失禁」。咳嗽、打噴嚏、大笑、提重物或是起身時，腹壓會加大，尿液就突然滲出。這種狀況以女性為多，主要是因為控制排尿的相關肌肉無力。

其二是「迫切性尿失禁」。突然無法忍耐的強烈尿意，接著就大量漏出。這是由於膀胱肌肉過度亢進，或是收縮力不足所引起。

其三是「溢流性尿失禁」。膀胱儲存過多尿液，溢入尿道，想尿卻無法順暢排乾淨，時不時地滲出。像是男性「攝護腺肥大」的症狀之一，就是在小便斗前解不乾淨，等你穿好褲子卻又漏了出來。這也是「溢流性尿失禁」。而男性每五人中，就有一人患有「攝護腺肥大」。

預防漏尿的第一步，是鍛鍊控制排尿的肌肉。大家都聽過的**「骨盆底肌訓練」**，就可以改善及預防漏尿。訓練方法很簡單，首先臉朝上仰躺，雙腿屈膝立起，全身放鬆。使勁收縮肛門和尿道口（女性連同陰道口），並向腹部內側提起，維持緊縮約三十秒。一天可以做十次左右。

做「排尿記錄」也是改善策略之一。之前的章節也曾提到，隨時想到就去小解，容易養成膀胱儲尿只有一點也要跑廁所的習慣，這會造成憋尿的能力變差、排尿週期紊亂。

◎鍛鍊骨盆底肌運動

①臉朝上仰躺，雙腿屈膝立起。

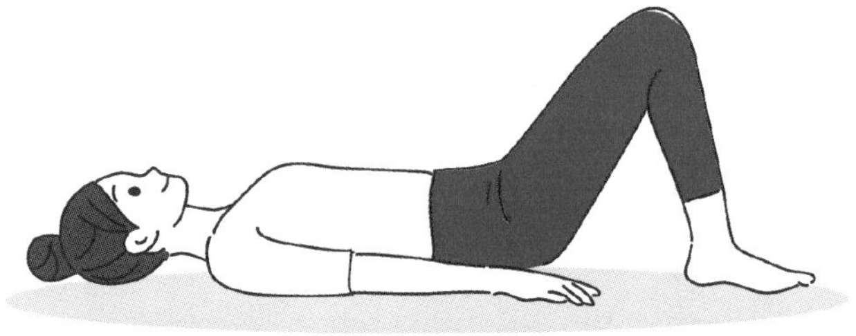

②緊縮肛門和尿道，同時抬高腰臀，維持
三十秒。

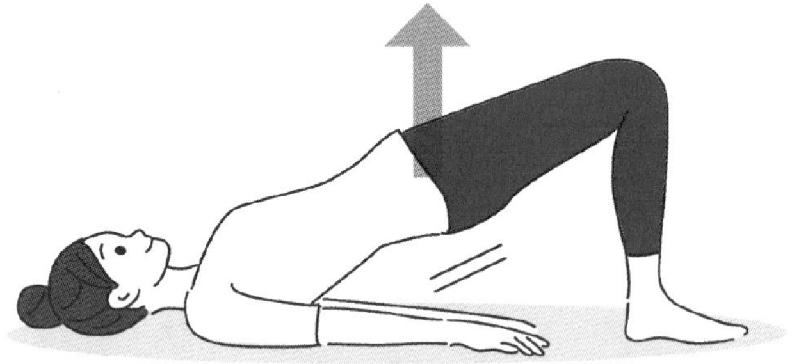

排尿記錄的內容包括何時、攝取多少水分，何時排尿，會在何時、何種狀況下漏尿。連續記錄三至四天，就可以找出在什麼樣的狀況下容易漏尿。接受泌尿科診療時，拿給醫生參考，可以協助正確的診斷。

48 擔心找廁所不方便，想去旅行卻寸步難行

一說到漏尿，很容易令人聯想到失智、惡性疾病的前兆，因此人人聞之色變，卻又難以對人啟齒，只能暗自煩惱。

然而，根據前一篇文章的統計數據可以知道，漏尿人口其實並不少。關於這一點，只要看藥妝店的女性生理用品區裡，漏尿護墊就占了一半的位置就可以知道，漏尿其實是相當常見的現象。

再說，漏尿並非是上了年紀才有的問題。有過生產經驗的女性，三、四十歲就有漏尿現象的人比比皆是。只因為女性本來就有使用衛生棉墊的習慣，因此對

漏尿護墊比較不排斥。

相較而言，男性的漏尿問題必須更加慎重看待。因為家中如果是太座大人負責清洗衣物，想必是萬般不情願地，將丈夫髒汙沾有尿液的底褲直接丟進洗衣機一同洗滌，並且對丈夫漏尿的嫌惡表情或許就會常不自覺寫在臉上。可以想見，夫妻關係必定因此緊張。

誠如前一篇所述，男性漏尿絕大多數都與攝護腺肥大有關，這是因攝護腺這一分泌腺體囤積了過多水分和代謝廢物，就像「水腫」一樣，變成肥大狀態。雖有一說這是男性荷爾蒙引起，但確切原因至今仍不明。不過，攝護腺肥大只需藥物治療，多數都可以有明顯改善，因此務必前往泌尿科接受治療。記得也要向家人開誠布公地說明自己的難題，並鼓起勇氣，挑戰穿著內褲型紙尿褲。

女性漏尿多發生於如廁前，男性則多半是如廁後有尿不乾淨的殘尿感。站在小便斗前嘩啦啦解放之後，才剛拉上褲頭拉鍊，又想再上一次。若有這種情形，就該考慮去泌尿科診治，同時穿著內褲型紙尿褲。

會建議穿紙尿褲的原因是，當事人也許是已經習慣，又或許是嗅覺變得比較不敏感了，往往不自覺自己身上有尿騷味，以為「根本沒什麼」，但周圍的人卻容易察覺，而在背地裡說「那人好像有尿騷味」，哪天被本人知道了，簡直丟臉至極。

其實比起身上有尿騷味，穿紙尿褲根本一點都不丟臉。而且穿紙尿褲的人數之多，遠超乎我們的想像。很多人受限於工作等因素，像大眾交通工具的司機，因為無法隨時跑洗手間，所以早早就開始穿紙尿褲。

無論男性或女性，很多人因為如廁的困擾，而無法出門旅行。解決方法之一，是選擇有廁所的交通工具，在安排旅行或搭乘之前，請詳加確認。

然而，即使所到之處備有廁所，尿急的時候卻看見廁所外面大排長龍，真叫人欲哭無淚。所以，擔心漏尿的人**宜提前練習穿著尿布解放**。

一開始先嘗試穿著尿布，坐在自家的馬桶排尿。你可能認為這感覺很怪，其實這是很多從事照護相關工作的專業人員，必須親身嘗試的體驗。我也挑戰過，才知道這真的不容易，努力了好幾天，才終於完成我的「成人尿布初體驗」。

能夠穿著尿布在自家廁所小解以後，接下來繼續挑戰穿著尿布，在廁所以外的地方解小便。一旦達成目標，出門旅行也沒在怕了。建立「穿尿布也難不倒我」的自信之後，你會意外發現，自己再也不必走到哪裡都急著要找廁所了。

49

腋下、脖子和背後長出扁平疣很礙眼，真想處理掉

某天，你忽然驚覺一顆顆扁平疣在身上冒出頭，而且愈是皮膚漂亮的人，症狀愈顯眼。長疣容易讓人誤以為是年紀大的緣故，其實，**病毒感染或日光刺激比年齡的影響更大**。

對於身上這些不速之客，自然是欲除之而後快，不少人會忍不住去摳、去搔抓。不過，奉勸你得要忍著，因為摳抓可能會造成細菌感染，反而還會留下疤痕。

如果是摳掉又長，反覆不已的情況，多半就是感染到人類乳突瘤病毒（Human Papilloma Virus，簡稱HPV），這種濾過性病毒與誘發子宮頸癌的病

毒是同一類。*

若想永絕後患，就將病毒感染部位全數電燒或切除，扁平疣就不會復發，否則只是去除掉肉眼可見的疣，病毒的殘餘勢力仍會再次興風作浪。

嫌身上扁平疣妨礙美觀的人，千萬別迷信民間偏方，例如：「用生茄子蒂頭塗抹患處」，還是直接去皮膚科治療比較有效。

有人說他去看皮膚科，醫生卻要他順其自然，不必理會；也有人說讓醫師處理掉以後，還是再長，這些經驗都讓人對皮膚科的處理能力信心大減，猶豫到底要不要去看醫師。然而，多數人實際看診後，還是得到滿意的療效，而且治療遠比想像中不費事。

* 譯按：但兩者分屬不同亞型。

臨床上曾有患者自覺扁平疣變多，卻以為只是普通的疣，而沒有當一回事，後來才發現是「皮膚表現之副腫瘤症候群」（Leser-Trelat sign）*，這些扁平疣竟然是內臟癌腫瘤蔓延發展而成。因此，雖是看似不起眼的小問題，還是請醫生看一下比較保險。**萬一扁平疣出現了出血、外形改變、顏色加深、糜爛等狀況，不再是「工整的圓形」，請務必去皮膚科檢查。**

一般的扁平疣，在物理性刺激下容易擴散。像是脖子、腋下與衣服頻繁摩擦，所以常會出現在這兩個部位。此外，喜歡揉眼睛的人，眼瞼也可能會是好發部位。

受傷的皮膚常給病毒可趁之機，為了保護肌膚，請選擇質地柔軟的衣物，減少不必要的摩擦刺激。

＊因腫瘤伴隨而來的皮膚症狀，包括過度角化／增生的皮膚病變、發炎性皮膚病、水疱、色素沉著、紫斑、硬皮樣皮膚病等。副腫瘤症候群（paraneoplastic syndrome）則是指腫瘤長大所引起其生長器官「以外」的症狀，多數是神經內分泌失調症狀，而皮膚的病態表現也是其中之一。

50 眼睛似乎愈變愈小，抬頭紋也跟著變多

我常聽到門診病人說，感覺自己的眼睛最近似乎變小了。眼睛變小，外觀就顯得老態。這點不只是女性在意，男性也不樂意見到自己這樣的外貌改變。有的人雖然因此少了犀利，多了幾分溫柔和善的氣質，但當事人畢竟還是喜歡大眼睛的自己，只是這樣又還不到得去美容整形手術的地步。

眼睛變小和年齡其實並沒有絕對關係。感覺眼睛變小，並非是眼睛真的變小，而是眼珠子的上部被遮住了，稱為「**眼瞼下垂**」。這是由於提拉眼瞼的肌肉組織與皮膚之間的連結鬆弛的關係。只要年紀到了，任何人的眼瞼多少都會在不

自覺間逐漸鬆弛。當眼瞼下垂，眼皮無法完全張開，眼睛看起來就變小了。

不過，年紀並非是拉提眼瞼的組織變鬆弛的唯一原因。經常配戴硬式隱形眼鏡的人尤其要留意。拉提眼瞼的肌肉位於眼瞼內側，正好在隱形眼鏡附著的位置，因此每眨眼一次，就會摩擦造成損傷，容易引發眼瞼下垂。此外，因為眼睛發癢，下意識地揉眼睛，也會對眼瞼造成刺激。所以愛揉眼睛的人，三、四十歲以後容易眼瞼下垂。換句話說，平日的生活習慣很重要。

預防方法像是把硬式隱形眼鏡換成一般眼鏡，或是勤點眼藥水讓眼珠保持保濕潤滑，可多少預防隱形眼鏡造成的眼睛損傷。如果因為花粉症等過敏因素，刺激眼睛搔癢而經常揉眼睛的人，請積極治療過敏，以避免習慣性揉眼睛。

此外，**眼瞼下垂不只是眼睛變小，也會給增加額頭的皺紋**。乍看之下，兩者似乎毫無關連，但其實關係大了。你或許以為，下垂的眼瞼拉扯額頭，還可以拉平額紋，但事實並非如此。

眼瞼下垂遮蓋眼睛，使得上方視野變狹窄。為了看個清楚，額頭肌肉會下意識地使勁，用力提起眉毛至眼瞼的肌肉。眉毛上方的前頭肌一用力，額頭就會出現橫紋。

所以在不知不覺間，便養成了每次看東西就抬起眉頭的習慣，把礙事的眼瞼拉高，才能夠打開視野，久而久之額頭上就形成橫紋。之後，這些只在肌肉活動時才出現的動態紋，就可能固定成不動也存在的靜態紋。

你或許個性灑脫，不在意外貌的變化，但是眼瞼下垂卻可能成為健康失調的導火線。雖然只是不起眼的抬額動作，一天幾十分鐘反覆下來，則會引發肩頸緊繃僵硬和頭痛的症狀。

◎額頭為什麼長出皺紋？

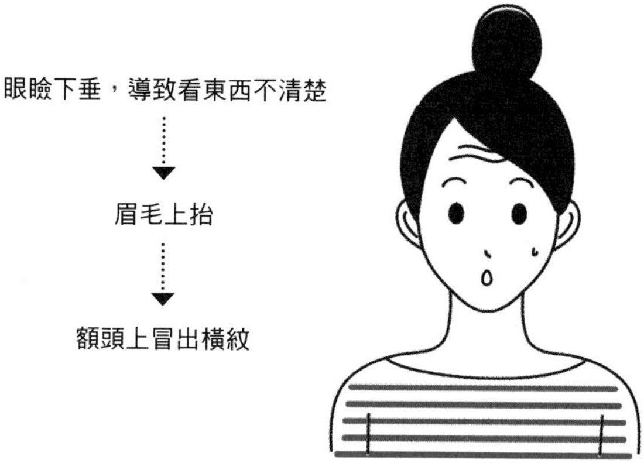

萬幸的是，一般人的日常生活，大多是睜隻眼閉隻眼就過去的事，無須時時用力抬額、張大眼睛看仔細。什麼時候最常出現這種姿勢呢？就是打電腦、看電視的時候。所以，打電腦、看電視會不自覺抬高下巴的人，請自備氣壓式座椅。

辦公室常見的氣壓式座椅，透過氣壓桿即可簡單調整座椅的高度。將座椅調整至適合自己的高度，**電腦螢幕略低於自己的雙眼，讓雙腳確實著地。雙腳**

掌若無法完全平貼地面，就必須添加一張踩腳矮凳，好讓雙腳可以穩定擺放。

讀書寫字時，背脊自然伸直，調整座椅高度，讓視線落在斜下方，可以擴大視野，雙肩也能輕鬆落下，這就是「沉肩墜肘」的理想姿勢。

正確矯正自己的姿勢並不容易，但藉由選擇適當的工具作為輔助，就會變得相對容易。現代文明人有很多工具可供利用，若堅持反其道而行，不懂得聰明利用工具，未免可惜了。

附帶一提，眼瞼手術常被視為整形外科的專長，不過眼科一樣能夠效勞喔！

51 早上起床照鏡子，感覺臉好像變大了一圈

某天，無意間瞥見鏡中的自己，「臉怎麼忽然變這麼大？」驚愕之餘，還多了幾分悽然。其實，你大可不必為這種事憂心。成年後，臉部骨骼不再生長，因此以水腫為多。

你說是自己年紀大了才出現水腫，以前年輕時根本都不會有這個問題。這難道不是因為年輕時你的活動力比較強、從事很多運動的緣故嗎？

人體的血液依賴心臟幫浦循環全身，清潔的血液在動脈中循環，所以流動相對順暢；乾淨的血液循環全身以後，循著靜脈帶回一身的代謝廢物，所以靜脈的

血流相對遲緩。

血液品質、心臟幫浦機能等因素，都會影響靜脈回流能力，對身體來說，這是相當吃重的作業。血流不暢，囤積代謝廢物的部位就會產生水腫。在白天時走時坐，到處活動，還沒有特別感覺，但是到了傍晚，堆積在腿部的代謝廢物，就會導致雙腿水腫。夜晚睡覺時全身躺平，使得代謝廢物容易滯留在臉部血管中，而造成臉部水腫。

促進血液循環的輔助力量在於全身肌肉。多用肌肉，代謝廢物就不容易囤積在一處，就能預防水腫。所以說，勤快的人、經常從事運動的人比較不容易水腫。由此可知，**水腫並不是年紀大，而是運動少的緣故。**

我自己也是如此。十多歲的我，課餘時間愛運動、四處遊玩，總是動個不停。二、三十歲以後，如果不是刻意上健身房，或是特別為了興趣嗜好去運動，日常生活中幾乎沒在活動肢體。

倘若不刻意處理，片刻以後，水腫會自行消退，那麼繼續自己偏愛的「能坐就不站」的靜態生活也無妨。畢竟運動太麻煩，雖然大家都勸你要多運動，你就是興趣缺缺。但是，如果經常水腫又不易消，該怎麼辦好呢？其實，大家很可能早在不自覺間實踐著消水腫的運動。

當我們感到有點疲倦，或埋首工作之際，常會不由得轉轉肩膀、左右拉長脖子，這便是促進血液循環的伸展運動。主人因為懶惰而缺乏運動，身體只好自己照顧自己。

在不造成疼痛的範圍內，**肩膀前後各繞轉十圈、脖子左右各伸展五回，就能夠改善血液循環**。用手指在頸部和鎖骨間輕輕摩搓，還可以改善臉部水腫。討厭水腫臉的話，重點是睡前請勿強忍著不喝水。缺水造成的代謝廢物阻滯，容易引發血液循環障礙。

此外，過量飲酒也是水腫的原因，第二天如果有重要大事，前一晚還是克制一下，適度小酌比較保險。

52

想要打掃卻欲振乏力，清潔環境次數愈來愈少了

打掃家中次數的多寡真有那麼重要嗎？如果只是一兩個人的生活，屋內環境應該不至於會髒亂到哪裡去，用不著天天清掃。

只要守住兩大原則❶不放置可能會絆倒人的物品、❷隨時保持半夜上廁所的動線通暢，就算家中稍微亂一點，也不至於造成大問題。

如果有那麼幾個地方，不天天清掃心裡會過不去，那就請遵循你的習慣，繼續清掃下去。但倘若是出於「非打掃不可」的強迫心理，勉強為之的話，勸你還是早早斷了這種念頭。

這種意念就像電腦螢幕始終靜止，或一直停留在沙漏、彩球空轉的畫面，怎不叫人焦躁？「非做不可」的強迫意念一啟動，會占據我們的心思，無心顧及其他，陷入「無端耗用認知機能」的狀態。這時就該強制終了，告訴自己「不做也罷」，然後將念頭拋到九霄雲外。

萬一你仍掛心不已，那麼，就以每一個月或每三個月為單位，定為「〇〇日」，在這天完成這件事。例如：每個月的一號將浴室內外徹底清掃一遍。那麼，除了那天之後，都會是「不必清掃的日子」，讓自己的心情放輕鬆，不要老是掛念打掃的事。

高齡者往往忍著腰膝疼痛，一面嘆氣呻吟，一面還是天天曬棉被、跪在地上擦地板。如果是以打掃為樂，那另當別論，否則因為強迫心理不得不做，反而加重腰膝疼痛，那就本末倒置了。

現在市面上都買得到烘被機、掃地機器人，不必再親力親為，硬要勉強自己做到每一項家事，不妨斟酌自己的體力和家裡的人口數，靈活利用打掃機器人，或者減少打掃頻率，也可以輕鬆許多。

不時會有回娘家的女兒或來訪的媳婦，提醒你「這裡髒了」、「碗沒有洗乾淨」，可能會讓你感覺五雷轟頂，不敢相信自己竟然未能察覺家中不夠清潔。有時由於視力變差，無法立即發現小地方藏有髒污，也沒留意到洗過的碗盤上還黏有殘渣。雖然這也不是什麼大事，但是讓晚輩揪出來，總覺得不堪。

若是真的很在意的話，我的建議是，可以把屋子的燈光打亮，用相機拍下屋裡的細節，然後放大查看，很多遺漏之處就能一目了然。趁兒女來訪前先拍照再打掃，以此應付小輩們犀利的目光，應該就不成問題。

53

到底還要等多久？連多等一分鐘都覺得不耐煩

「奧客」（complainer）是以前沒有的新名詞。在日本的人情文化中，面對對方抱怨我方不是，總會先低頭道歉說：「對不起，我以後會小心。」而且抱怨的一方多半也不會突然就咆哮怒罵，只是冷靜表達自己的意見，「基於這樣那樣的理由，所以你這樣的行為並不太好」像這樣以委婉的言詞說出口。當然，也是有不按社會常規走的怪咖，不過絕大多數大家都清楚知道哪個人古怪。時至今日，左鄰右舍對於社區的特異份子也多半心裡有數。

然而，不知從何時開始，大家都變得脾氣火爆，抱怨的一方直接切入「抓狂模式」，被抱怨的一方要嘛不甘示弱，反嗆對方「兇什麼兇」，要不就是完全不搭理，雙方這種態度很難建立祥和有禮的社會。

不久前，我曾親眼目睹一件匪夷所思的事。在一處車水馬龍的十字路口，五、六名小學生故意闖紅燈惡作劇，嚇得過馬路的車輛緊急剎車。駕駛從車窗探出頭，對著這些小傢伙大喊：「你們不要命了嗎？」回想自己小時候，如果犯了錯，必定二話不說，立刻鞠躬道歉，誰知這幾個小毛頭居然反唇相譏「笨蛋」、「誰理你呀」、「喔～耶～」，一路哄笑奔逃，再看周圍目睹這一切的大人們，竟像是看好戲般的嘻笑。我當時正在搭車，無法中途停下勸阻，心中對這些調皮搗蛋的孩子莫可奈何，深深感受到社會教育孩子的方向走偏了。

「路見不平則鳴」絕不是件壞事。身為社會的一份子，**為傳達正確價值而發聲，是十分值得肯定的精神。不過仍要以自身的安全為重，避免受到理智斷線的**

年輕人暴力攻擊。

話說回來，向客服中心諮詢或投訴，問題卻未能得到滿意解決，別說老年人，換作是年輕人也會抓狂。特別對於「等待服務」這件事，年紀愈大愈不耐煩。**同樣的等待時間，高齡者會感到年輕時的兩、三倍之久**。之前已經說明過，隨著來日愈少，時間的意義愈發重要，以至於年紀大的人不耐久候。

再加上現在客服電話的流程冗長，不但要他們等，還要他們握著電話聽筒，聽著系統語音一次又一次重複著「您所撥打的分機現正忙線中，請稍候——」，實在是加倍折磨人。

我聽客服中心的朋友說，客訴電話接通以後，開口就大罵「你們到底要我等多久！」的，幾乎都是高齡者。年輕人則是會把電話切換到擴音模式，然後去忙自己的事，當客服人員接通後說「讓您久等了！」往往還要等上幾秒鐘的空白時間，才會聽到電話那一頭說「喔，有人了！」，接著才展開對話。

另外，年長者耐著性子左等右等，好不容易等到電話有人接聽，卻聽到的是年輕人的聲音，這或許也是令他們火大的原因，哪有小輩要長輩久候的道理！

我說，就別和晚輩計較了，不過是僅此一回的對話，年長者不妨保持自己的從容大度，雙方愉快地把話說清楚即可。我的建議是，直接了當陳述自己的需求說，「我聽不懂，請可以再講清楚一點嗎？」並在結束對話前，向對方說：「感謝你仔細的解說。」如此一來，當你放下聽筒時，感覺也不錯，這樣不就皆大歡喜！

說來不可思議，如果每件事你都心懷不滿，抱怨連連，那之後招來的也會是令人跳腳的倒楣事。

在醫院候診時也一樣，等待時間一久，連聽見隔壁病友聊天都覺得刺耳，旁邊的小孩吵鬧就惹你心煩，看見護理人員今天的態度似乎特別草率，就連醫生的說明怎樣都聽不懂，櫃台結帳的迷糊樣讓你發火；好不容易終於步出醫院，竟下起雨來，不禁讓人抓狂：「今天究竟是什麼鬼日子呀！」

這不過是憤怨者衰運連連的日常寫照。但如果當事人並不覺得這樣的日子難過，堅持繼續暴跳過日，那也無妨。

其實換個角度看，在候診區，先來的年輕人擠一擠，挪出位子讓你坐，你心懷感激，由衷道聲謝。問問櫃台要等多久，櫃台說：「可能還要再請您等一下。」而你和顏悅色回道：「今天這麼忙，真是辛苦了。」

即使是這樣的**微小感謝之心，卻能帶來更多的良善回應**。當孩子在一旁吵鬧，你心想：「真是精力充沛呀，日本就需要這樣的未來主人翁挑起大樑。」出門下雨，想到雨水能滋潤作物，讓土地欣欣向榮，不禁慶幸天降甘霖。

你問我，這樣想會不會太小題大作了？也許吧！但是選擇憤怨不滿或心懷感恩，將會大幅影響一個人展露歡顏的次數。

54

物慾大幅降低，沒有什麼特別想要的

一個人如果沒有特別的喜好，也沒有想做的事，容易被視為人生毫無目標、成天無所事事。但真是如此嗎？

被物慾驅使的人生是非常痛苦的。年輕時因為無知，誤以為樣樣都想要，才算是富足的人生。事實上，縮減食慾、性慾、物慾，才能夠真正過上自在快意的日子。

曾有病人坦誠地說，自己沒有想要的東西、想吃的美食、想去的旅行，這種「無欲的人生」讓他很苦惱，懷疑自己是不是得了憂鬱症。而這些人內心的OS

其實是：「毫無所求的人生活著還有什麼樂趣可言？」

現今普羅大眾這種「人生價值在於追求所好」的觀念是來自西方思想，與日本人固有的東方思想大不相同，特別在佛教的基本教義中，就是要人「捨棄慾望」。

特別是美國人，信奉好惡分明的二元文化，他們可以很明確地說，「我是這樣的人，喜歡什麼，不喜歡什麼」，並且抱持著「有所追求的人生真是美好」的信念。反觀受到西方價值觀壓迫而受苦受難的我們，處境令人同情。話說回來，我們根本不需要受他人價值觀的箝制，日本人自古就是在與生俱來的環境條件下勤懇營生。

不要被「追求個人喜好」這個魔咒束縛住了，只須把每天尋常的日子過好，「今天的飯菜真可口」、「此刻的晚霞特別絢爛」，**在微小的情緒振幅中，感受小**

確幸的歡喜就很好。無須大喜、狂喜，因為我們天生就擁有細膩的感性美。若是不明白這一點，就會陷入「不去發掘自己的喜好，不去培養自己的興趣，不參與盛大活動，就談不上幸福」的強迫觀念而受苦。

不容諱言，現代資本主義社會刻意將人帶向「有所追求」的價值觀。在廣告、電視、網路上一窩蜂介紹各種活動、宣傳新商品，如此海量的訊息全都是要我們「不停找樂子」，目的是鼓勵大家花錢消費。因為國家需要經濟活力支撐，因此才有了「超值星期五」（Premium Friday）＊一詞，號召人們「大肆享樂」！即便如此，我們仍可以不隨之起舞，不盲目追求世俗價值來生活。

最近，有愈來愈多人喜歡在社群網站上分享自己美妙的生活主張與日常，透過鏡頭，展現他們在自己熱愛的事物環繞下，過著「無與倫比的愜意人生」，但其實這不過是他們真實人生裡的一部分而已。說得更殘酷一點，其中難保沒有加工過的虛假成分，根本不值得外人羨慕。

如果你認為成天在家無所事事，看電視打發時間很幸福，那就是真的幸福。不妨想像，老是喜歡往外跑，快活地四處旅行、從事運動的人，某日忽然病倒，或是腰腿出狀況，不能自在出門，只能巴望著窗外，想像玩伴們此時可能正在熱海享樂，那是多麼傷心的事！反觀一向喜歡待在家看電視、閱讀書報的人，平靜的日常生活幾乎波瀾不興，自然少了這些高低起伏的折騰。對於想要安度晚年的人來說，究竟何者比較幸福？我想，以看電視為樂應該也不賴。

正因為無欲無求，沒有特別喜好，所以相信自己的後半生可以安安穩穩頤養天年，這不是很好嗎？

* 這是日本經濟產業省推動的政策，號召企業在每個月最後一個星期五，讓員工下午三點前結束工作，提早下班，享受親友團聚、購物或小旅行，以刺激消費拚經濟。自二〇一七年二月二十四日開始實施。

55 與其說是朋友少，不如說是沒朋友

和志同道合的友伴們在一起度過的時光真快樂，然而，天下沒有不散的筵席，總會有一方先告別。即使不是死別，也可能因為搬遷到遠方，大家難得見上一面。

如果是在學生時代，只要升上新班級，又可以結交新朋友，可是長大成人以後，失去朋友的失落感會愈來愈強烈，甚至有高齡者因此追隨老朋友而去。

所以「大人的友情」，不再是積極經營朋友關係，而是彼此若即若離，只要可以說得上話，**或共享興趣嗜好即可**。淡如水的君子之交剛剛好。

我觀察醫院候診室裡病友彼此之間的對話，大家看似聊得開心，但是在櫃台結完帳後，互道一聲「再見」，就各走各的，不會繼續發展成為相約吃飯喝咖啡，或一起逛街的朋友。

一旦深交，就容易萌生相互比較的妒忌心，像是「那人比較有錢」、「我老公比較成材」之類比優劣、比高下的嗔妒，與牽扯不清的愛恨情仇。

到了這年紀，來往的對象不必再執著非同輩不可。不少高齡者在健身房結交二、三十歲年輕人，因為都是健身房會員，大家強身健體的目標相同，因此能夠平等對話，而不會意識到年齡差距。

不久前，有位病人說自己出國旅行回來，幫健身房二十多歲年輕人帶了伴手禮。看到年輕人喜出望外的爽朗笑容，自己也感到很開心。對年輕人來說，有長輩送自己稍有檔次的伴手禮、願意聽自己說話，又不會像父母一樣動不動嘮叨，這樣的人生前輩彌足珍貴。

我還見過差距四十歲的忘年之交一起去旅行，看似祖孫結伴，其實是朋友關係。正因為沒有血緣牽絆，可以暫時拋掉各自的家庭煩惱，從許多方面來說，也不會是暗自較勁的對手，所以能夠盡情體會旅行的樂趣。

即使缺少可以稱得上「朋友」的人，人生路也不會太過黯淡。**只要能夠和年長者或年輕人說說話，享受每一次交談，感受其中的樂趣就足夠了。**

好好生活，就能好好變老

感謝讀者們堅持看到本書的最後。

年齡即「變化」，人無論活到幾歲都能成長。明白這個道理，是否可以稍微緩解大家「年齡壓力」的肩頭重擔呢？

本書的部分內容可能令你感到很受用，但有些內容又似乎不是那麼切中自己的狀況。每個人的體質與生活型態千差萬別，其中或許正好有些資訊可以幫助身邊的親朋好友，哪怕是看似與自己無關的章節，倘若周遭有人因為上了年紀而喪失自信、一有問題立刻歸罪於老化惹的禍，還請將書中的訊息傳達給對方，幫忙開導開導，畢竟相逢自是有緣嘛！

讀者經過長年的生活歷練，相信不用我說，也不待外界的知識傳播，早有自己的親身體悟，因此讀起來格外心有戚戚焉。然而，將體悟加以整理後再閱讀，理解會更深刻，也更懂得細細品味歲月在身上施加的「變化」。本書願為大家的健康加油打氣，盼大家即使年過百歲，仍然精力充沛，樂在生活。

最後，特別要感謝我的病人們，在診間與各位的對話，以及各位所展現的鮮活生命面貌，都是啟發我對醫療的態度，以及寫作本書的思路和求知動力，由衷致上謝忱。

二〇一九年八月

平松　類

身體文化 161

好好變老：自在享受55個身心靈的微變化

作者—平松類
譯者—胡慧文
主編—郭香君
責任編輯—龍穎慧
責任企劃—張瑋之
內頁插圖—Matsu
視覺設計—兒日設計
內頁排版—新鑫電腦排版工作室

編輯總監—蘇清霖
董事長—趙政岷
出版者—時報文化出版企業股份有限公司
108019台北市和平西路三段二四〇號一至七樓
發行專線—（〇二）二三〇六—六八四二
讀者服務專線—〇八〇〇—二三一—七〇五
（〇二）二三〇四—七一〇三
讀者服務傳真—（〇二）二三〇四—六八五八
郵撥—一九三四四七二四時報文化出版公司
信箱—10899臺北華江橋郵局第九九信箱

時報悅讀網—http://www.readingtimes.com.tw
綠活線臉書—https://www.facebook.com/readingtimesgreenlife
法律顧問—理律法律事務所 陳長文律師、李念祖律師
印刷—紘億彩色印刷有限公司
初版一刷—二〇二〇年十二月十一日
定價—新臺幣三三〇元
（缺頁或破損的書，請寄回更換）

時報文化出版公司成立於一九七五年，
並於一九九九年股票上櫃公開發行，於二〇〇八年脫離中時集團非屬旺中，
以「尊重智慧與創意的文化事業」為信念。

好好變老：自在享受55個身心靈的微變化 / 平松類 著；胡慧文 譯.
-- 初版. -- 臺北市：時報文化出版企業股份有限公司, 2020.12
面； 公分. --（身體文化；161）
譯自：老化って言うな！
ISBN 978-957-13-8471-9（平裝）
1.老化 2.老年心理學 3.中老年人保健
544.8 109018571

ISBN 978-957-13-8471-9
Printed in Taiwan